Christophe Duhamel
Préface **Dr Laurent Chevallier**

Rien n'est interdit !

playBac

Préface

par le Dr Laurent Chevallier

Christophe Duhamel, impliqué depuis fort longtemps dans le bien-manger et le bien-vivre à travers l'aventure – et le succès – extraordinaire de Marmiton, fait un pari audacieux. Celui d'expliquer comment fonctionne l'organisme, comment il se dérègle selon certaines situations et quels sont ses besoins. Il nous explique les aliments, la façon de les choisir, de les cuire... sans oublier de nous éclairer sur les bienfaits des nutriments et micronutriments.

En se posant les bonnes questions, et en y répondant en explorateur avec un réel sens scientifique comme en témoignent les ouvrages consultés et la bibliographie éclectique, il vous donne les bonnes réponses. Et ce d'autant plus que l'auteur n'a pas de parti pris. Si, un tout de même : faire fi de la « délinquance alimentaire ». Ainsi, rien n'est interdit, ni le gras, ni le sucre... En revanche, on ne doit pas non plus se nourrir n'importe comment, à la fois pour sa santé et la planète.

Tout cela est expliqué de façon didactique et ce livre vient à point nommé en cette période exacerbée d'exclusion par la recherche du « sans » gluten, lactose, sucre, gras, viande... Avec une écriture d'une remarquable fraîcheur, l'auteur met les pieds dans le plat pour le plus grand bonheur des lecteurs qui y trouveront des réponses à leurs questions, des repères fondamentaux, sous un style alerte et pédagogique.

Sommaire

Préface, par le Dr Laurent Chevallier 3

Introduction 14

Chapitre **1** :

Comprendre son corps 17

Comment naît la faim ? 18

    Les déclencheurs

    Les perturbateurs

Comment notre organisme traite-t-il les aliments ? ... 21

    Étape 1 : dans la bouche

    Étape 2 : dans l'estomac

    Étape 3 : dans l'intestin

Qu'est-ce que le microbiote ? 27

    Comment prendre soin de sa flore intestinale ?

    ZOOM : Les neurotransmetteurs

Chapitre **2** :

Connaître les aliments 33

Fruits et légumes 35

    Faut-il consommer 5 fruits et légumes par jour ?

    Un jus de fruits équivaut-il à un fruit ?

Viandes, poissons et œufs 37

    Quelle quantité de viande consommer ?

    Y a-t-il un danger à consommer trop de viande ?

    Manger de la viande est-il utile quand on manque de fer ?

Peut-on remplacer la viande ?

Les œufs sont-ils bons pour la santé ?

Faut-il consommer du poisson ?

CÉRÉALES, FÉCULENTS ET LÉGUMINEUSES 43

Quel est l'intérêt des céréales ?

Les céréales sont idéales pour le petit déjeuner, non ?

Faut-il consommer moins de céréales à cause du gluten ?

ZOOM : C'est quoi, le gluten ?

Faut-il passer au pain sans gluten ?

Comment consommer les légumineuses ?

PRODUITS LAITIERS 53

Faut-il arrêter les produits laitiers ?

Est-il bien de consommer du fromage ?

Peut-on remplacer le lait par des boissons végétales ?

GRAISSES 59

Les graisses sont-elles mauvaises pour la santé ?

Les graisses sont-elles ce qui fait le plus grossir ?

ZOOM : Les différents types de gras

Quelles graisses privilégier ?

Que penser de l'huile de coco ?

Et l'huile de palme ?

PRODUITS SUCRÉS 66

Pourquoi aimons-nous tellement le sucre ?

ZOOM : Sucres simples et sucres complexes

Pourquoi faut-il limiter le sucre ?

Quelle est la bonne dose par jour ?

Que sont les triglycérides ?

Qu'est-ce que l'indice glycémique ?

Quels sucres consommer ?

ZOOM : Les différents types de sucres

Les édulcorants : bons ou mauvais pour la santé ?

ALIMENTS FERMENTÉS 81

Qu'est-ce qu'un aliment fermenté ?

Ça conserve les aliments, mais nous alors ?

Au quotidien, sous quelle forme consommer des aliments fermentés ?

BOISSONS 85

Quelles sont les différentes catégories d'eaux ?

Faut-il boire de l'eau du robinet ou en bouteille ?

Comment choisir un jus de fruits ?

ZOOM : Les types de jus de fruits

Le jus de fruit : bon ou pas pour la santé ?

Un verre de vin par jour, c'est bon pour la santé ?

Puis-je accepter un verre de vin pendant ma grossesse ?

Pourquoi, avec l'âge, supportons-nous moins l'alcool ?

Chapitre **3** :

Composer ses repas 97

LES RÉGIMES : POURQUOI ILS NE MARCHENT PAS... 98

COMPOSER SES MENUS SUR UNE SEMAINE 101

LE PETIT DÉJEUNER 104

S'hydrater

Le petit déjeuner idéal

À limiter au petit déjeuner

L'EN-CAS 107

L'en-cas idéal

Les aliments à éviter

LE DÉJEUNER 109

Comment éviter la somnolence après le déjeuner ?

Le déjeuner idéal

LE DÎNER 113

Qui veut bien dormir dîne tôt

Un dîner de mendiant

Le dîner idéal

DÉJOUER LES PIÈGES 116

Comment rendre plus sain le goûter d'un enfant ?

Comment ne pas se faire engloutir par le buffet ?

Comment résister au pillage du frigo ?

Comment résister à l'appel de l'apéro ?

BIEN GÉRER LES OCCASIONS 120

En pique-nique

Dans l'avion

Dans le train, le bus…

Au fast-food

Chapitre **4** :

Faire ses courses 125

FAUT-IL ACHETER DES PRODUITS BIO ? 126

Le bio, qu'est-ce que c'est ?

Quelles sont les différences avec l'agriculture raisonnée ?

Que risque-t-on à consommer des pesticides ?

Le bio est-il toujours plus cher ?

Quels sont les aliments à privilégier en bio ?

COMMENT CHOISIR SES PRODUITS FRAIS ? 134

Comment choisir les fruits et légumes ?

Comment choisir la viande ?

Comment choisir le poisson ?

Comment choisir les œufs ?

Comment choisir les fromages ?

Comment choisir le pain ?

COMMENT CHOISIR DES PRODUITS INDUSTRIELS ? 150

Décrypter les étiquettes

Estimer les quantités

Éviter les produits « light »

Additifs : faites l'addition !

Les nanoparticules

Les phtalates

Les métaux lourds

Ionisation : quel impact sur les aliments ?

L'origine des produits

Chapitre **5** :

Préparer et cuire 171

MANGER CRU : AVANTAGES ET INCONVÉNIENTS 172

COMMENT CUIRE LES ALIMENTS 173

Les récipients

Les différents modes de cuisson

CUISINER LES LÉGUMES 183
Cuisson vapeur
Cuisson à l'eau
Cuisson à la poêle
Friture
ZOOM : La courgette

CUISINER LES FÉCULENTS 190
Des pâtes, oui… mais al dente
Des patates qui épatent
Le riz, c'est bien pratique !

CUISINER LA VIANDE 193
Règles importantes pour une bonne cuisson
Cuisson des différents types de viandes

CUISINER LE POISSON 197
Le poisson est souvent trop cuit…
Quel type de cuisson ?
Poisson cru : les précautions à prendre

CUISINER LES ŒUFS 199

CUISINER LES LÉGUMINEUSES 200
Phase 1 : le trempage
Phase 2 : la cuisson

Chapitre **6** :

Assaisonner 205

LE SEL : AMI OU ENNEMI ? 206

COMMENT SUBLIMER LES LÉGUMES 207

VINAIGRETTES : PRINCIPE ET RECETTES DE BASE 208

SAUCES CHAUDES : PRINCIPE ET RECETTES DE BASE 210

Pour accompagner un poisson, une volaille ou des légumes
Pour accompagner une viande
Pour les pâtes

DIPS : PRINCIPE ET RECETTES DE BASE 212

BIEN UTILISER LES HERBES 213

Les principales herbes et leurs usages
Marier les herbes

BIEN UTILISER LES ÉPICES 222

Les principales épices et leurs usages

Chapitre **7** :

Conserver 227

LES DATES DE CONSERVATION 228

CONSERVER AU FRAIS 228

Quatre points importants dans la gestion du réfrigérateur
Les précautions à prendre

CONGÉLATION ET SURGÉLATION 234

Avantages et inconvénients des produits surgelés
Comment congeler ?
Décongélation

LA CONSERVATION SOUS VIDE 240

LES CONSERVES 242

Réaliser une conserve maison

SÉCHAGE ET FUMAGE 244

DANS LES PLACARDS... 245

Chapitre **8** :

Prévenir ou gérer les problèmes de santé courants 249

CARENCES 250

La carence en fer
La carence en magnésium
La carence en zinc
La carence en sélénium

DÉSHYDRATATION 252

FRINGALES ET HYPOGLYCÉMIE 253

MANQUE D'APPÉTIT 255

PETITES MALADIES 256

PROBLÈMES DE PEAU 258

PROBLÈMES DENTAIRES 259

PROBLÈMES LIÉS AU SYSTÈME DIGESTIF 259

Ballonnements et gaz
Brûlures d'estomac et remontées acides
Intoxication alimentaire et gastro-entérite
Candidose et parasitose
Constipation
Diarrhées

AUTRES MALADIES 268

Asthme

Hypertension

Chapitre **9** :

Expérimenter 273

CHACUN EST UNIQUE 274

LA RÈGLE DE L'ÉPIGÉNÉTIQUE 275

Comment ça marche ?

Quels sont les signes à observer ?

QUELLES EXPÉRIENCES PEUT-ON FAIRE ? 281

Autour du pain

Autour du petit déjeuner

Autour du dîner

Autour des repas en général

Autour des boissons

Autour du sucre et des édulcorants

Autour de l'exercice physique

COMMENT BIEN MENER SES EXPÉRIENCES ? 285

Quelles sont les conditions de réussite ?

Comment intégrer ces expériences au quotidien ?

Notes 290

Annexe :

Les aliments en détail 297

Légumes	298
Fruits	298
Viandes	299
Poissons et fruits de mer	300
Œufs	300
Céréales	300
Féculents	302
Légumineuses	302
Laits	303
Fromages	304
Boissons végétales	305
Sucre	305
Chocolat	306
Miel	306

Introduction

Que ton aliment soit ton médicament, mais pas seulement…
Le lien entre alimentation et santé est aujourd'hui reconnu comme
fondamental. En fait, il l'a toujours été, mais on l'avait un peu
oublié. Tout d'abord, pendant longtemps, maladies ou épidémies réduisaient considérablement notre espérance de vie, sans
que l'alimentation y puisse quelque chose. Mais surtout, on avait
moins de choix dans notre alimentation : on mangeait ce que la
saison - et les moyens financiers - nous permettait de manger.
Aujourd'hui, l'offre alimentaire est gigantesque, pourtant, on
n'a jamais mangé aussi mal.

À l'heure où l'épigénétique a révélé que 85 % de nos gènes
sont directement influencés par notre environnement, et plus
particulièrement par les aliments que nous ingérons, comment
alors tirer profit de ce que nous mangeons ? Comment nous
remettre à l'écoute de notre corps ?

Et puis, comment écrire un livre sur l'alimentation et la santé si
l'on n'est pas médecin ? Pour la même raison qu'on peut créer
un site Internet de cuisine alors qu'on n'est pas chef et en faire
le premier média culinaire : parce qu'on doit repasser par toutes
les étapes de la connaissance, même les plus élémentaires, ce
qui confère une approche différente, peut-être plus accessible.
C'est parce que j'ai peu à peu pris conscience de l'importance
de l'alimentation, aussi parce que je suis devenu papa et que
je me suis rendu compte de ma responsabilité, que j'ai creusé,
avec l'aide de nombreux passionnés, les sujets reliant alimentation et santé – sans toujours trouver de réponses tant le sujet
est complexe et tant sa compréhension évolue chaque jour…

Et comme pour tout savoir auquel j'ai eu la chance d'accéder, je pense que mon devoir est de le partager, d'une manière que j'espère simple, agréable et pratique. C'est pourquoi j'offre tout au long de ce livre de nombreux exemples et astuces.

Rien n'est interdit, mais ça ne veut pas dire qu'il faut faire n'importe quoi ! Le but de cet ouvrage n'est pas de se restreindre, car les régimes et les interdits ne résolvent rien, mais de rendre chacun plus autonome grâce à l'acquisition de connaissances, récentes ou plus anciennes, pour mieux comprendre son alimentation, et ainsi l'optimiser. Le plus important reste de s'intéresser à l'individu : ne pas suivre aveuglément les recommandations des uns et des autres (y compris celles de ce livre !), car chacun est unique et personne n'a les mêmes besoins que son voisin. C'est là toute la complexité de l'être humain. La constitution, le métabolisme, les équilibres hormonaux, les carences, le patrimoine génétique, l'activité physique, tout cela fait de chacun d'entre nous un être unique avec des besoins uniques. Alors, écoutons notre corps !

Mais, avant tout, il s'agit de faire de l'alimentation un plaisir ! Pas un plaisir impulsif ni le moyen d'une satisfaction aussi brève qu'artificielle, mais un plaisir « global », qui commence par le plaisir d'imaginer ce qu'on va consommer, celui de choisir les ingrédients, de les préparer, de les déguster, pour finir par une digestion sereine qui ne nous oppresse pas, et qui ne nous laisse pas sur notre faim. Le plaisir de se dire qu'en nous faisant plaisir, nous avons aussi agi positivement sur notre santé. C'est l'objectif de ce livre : vous donner toutes les clés et les bonnes pratiques pour mieux manger et préserver votre santé, sans interdits !

Bonne dégustation !

Christophe Duhamel

CHAPITRE **1**

Comprendre son corps

CHAPITRE 1

Savez-vous vraiment ce que manger implique pour votre organisme ? Comment, tout d'abord, se manifestent la faim, puis la satiété ? Ce chapitre va vous permettre de comprendre le parcours que les aliments effectuent, de votre bouche jusqu'à vos intestins, et comment tout cela fonctionne pour que vous ayez de l'énergie et soyez en bonne santé.

COMMENT NAÎT LA FAIM ?

LES DÉCLENCHEURS

La faim peut être déclenchée par **plusieurs facteurs**…

Tout d'abord, **la baisse du taux de sucre dans le sang**, ou **hypoglycémie**. À partir de 5 % de baisse, des nerfs vont se réveiller pour le signaler à l'hypothalamus, une glande située à la base du cerveau qui pilote la sensation de faim. Alerté, l'hypothalamus va sécréter des substances qui vont nous pousser à rechercher à manger – c'est-à-dire partir chasser le gibier ou ouvrir le frigo !

L'heure est aussi un facteur important, déterminé par nos **rythmes biologiques**. Lorsqu'on a l'habitude de manger à heures fixes chaque jour, l'estomac déclenche – environ 15 à 20 minutes avant l'heure habituelle du repas – la sécrétion de la ghréline, une hormone qui stimule l'appétit. Elle aussi va donner à l'hypothalamus le signal de chercher à manger.

Le **manque de certains nutriments** : sel, eau, minéraux… Notamment après un gros effort, ou après une période de jeûne (la nuit, par exemple), l'organisme traduit un manque par une envie forte d'un aliment qui permettrait d'y remédier. C'est particulièrement vrai pendant la grossesse avec les fameuses « envies de fraises » (qui peuvent concerner n'importe quel aliment).

Mais il y a aussi **d'autres facteurs**, un peu moins « mécaniques »…

COMPRENDRE SON CORPS

• La **stimulation de nos sens** : une odeur appétissante, la vue d'un plat qui sort du four, le crépitement d'une viande qui cuit activent l'hypothalamus, mais également le cortex et l'hippocampe, régions du cerveau où sont mémorisées les expériences liées à l'alimentation.

• Les **émotions** : certaines émotions peuvent nous donner faim ou au contraire nous couper l'appétit (joie, colère, tristesse...) L'adrénaline (une hormone sécrétée à la suite d'une émotion intense, comme lorsqu'on regarde notre série préférée à la télévision) peut brouiller les signaux correspondant à la satiété et nous donner envie de manger.

• Le **besoin de réconfort** : pendant l'enfance, de nombreuses personnes ont été « programmées » pour associer les bonbons, biscuits et autres plaisirs alimentaires à la notion de récompense. C'est ce réflexe qui crée – en cas de tristesse ou de stress – le besoin de se rassurer avec une petite douceur.

• La **fatigue** et le **manque de sommeil** peuvent déclencher une réaction qui va favoriser l'ingestion d'aliments sucrés (réflexe de l'organisme en situation de « détresse »). La solution ? Se coucher plus tôt (surtout si c'est pour regarder une série à suspense qui va en plus nous donner faim…).

• La **soif** : parfois, on pense avoir faim alors qu'en réalité on a soif ! La solution est simple : boire un petit (ou grand) **verre d'eau**. Si la sensation de faim ne s'apaise pas, c'est qu'elle était réelle !

• Le fait de **mâcher un chewing-gum** : l'acte de mâcher prévient l'estomac que quelque chose arrive. Sauf qu'avec le chewing-gum, rien n'arrive, et donc l'organisme se demande ce qui se passe, puis il finit par **augmenter la sensation de faim** pour y remédier.

• De même, le **besoin d'avoir quelque chose dans la bouche** : cette évolution du besoin de tétine ou du pouce des bébés peut se traduire par le mâchouillement d'un stylo (il suffit de regarder dans les bureaux le nombre de stylos ainsi maltraités) ou par l'envie de manger quelque chose.

EN PRATIQUE

Attention : **plus on a tendance à manger, plus on mange**, le **plaisir** devient un **besoin**. Il existe des techniques pour lutter contre l'addiction à la nourriture, comme fractionner ses repas.

LES PERTURBATEURS

À l'inverse, plusieurs facteurs peuvent **perturber notre appétit** :

• Le **décalage horaire**. Lors des longs voyages en avion, l'idéal est ainsi de caler dès le départ sa montre et ses repas sur les horaires du pays d'arrivée (ou de ne pas manger dans l'avion, ce qui n'est pas grave : on perd quasiment 50 % de sensibilité gustative en altitude !).

• Le **stress**. Quelle qu'en soit la source, il peut soit nous couper complètement l'appétit (l'organisme se concentre sur la résolution du stress), soit nous rendre boulimique (pour compenser le stress).

• La **maladie**. Quand on est malade, on n'a pas faim. C'est notamment flagrant chez les enfants, qui sont en âge de dévorer et qui, tout d'un coup, n'ont pas trop faim – une bonne manière de savoir qu'il y a un problème… Ce phénomène est normal : l'organisme coupe la sensation de faim pour ne plus avoir à gérer la digestion et se concentrer sur la lutte contre la maladie (virus, bactéries ou autre…).

EN PRATIQUE

Il faut se méfier des faims « compulsives » qui sont dictées par nos émotions, notre fatigue ou une vidéo qu'on vient de voir sur Facebook… Surtout quand ces « faims » ressemblent plus à des envies d'aliments sucrés !

Dans ce cas, l'idéal est de prendre un grand verre d'eau et d'attendre un peu pour voir si ça passe. Si ça ne passe pas, voir « L'en-cas idéal » au chapitre 3 (p. 108) !

Comment notre organisme traite-t-il les aliments ?

Quelles sont les étapes de la digestion dans notre corps ? Visite guidée de l'appareil digestif.

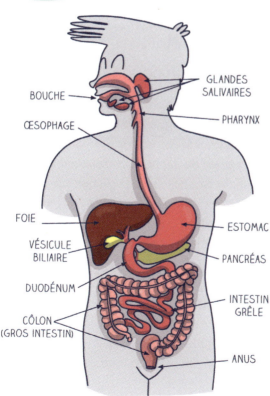

ÉTAPE 1 : DANS LA BOUCHE

Le processus de digestion se déclenche dès notre bouche, sous l'effet conjugué de la **mastication** et des **enzymes digestives** contenues dans la **salive** (on produit 1 litre de salive par jour !). Cette première phase **prépare les aliments** pour une bonne digestion, en les découpant et en les humidifiant.

La mastication est ainsi très importante ; c'est pour cela qu'il est nécessaire d'apprendre aux enfants à bien mâcher – au minimum 20 fois chaque bouchée – et de prendre leur temps. La nature étant bien faite, **plus on mastique, plus on ressent le goût des aliments**. Ainsi, en associant cette phase au plaisir, notre organisme nous encourage à **prendre le temps de mâcher** pour **mieux digérer**.

Certaines pathologies liées à l'alimentation (la boulimie et l'anorexie notamment) court-circuitent cette phase chez ceux qui cherchent juste à « se remplir ».

🥬 QU'EST-CE QUE LE GOÛT ?

Au-delà du plaisir de manger, le goût nous permet d'identifier les produits chimiques spécifiques liés aux différentes « saveurs » : **sucré, salé, amer, acide, umami** (la fameuse « cinquième saveur » nous venant du Japon et correspondant à la détection de certains acides aminés dans la viande ou des substances comme le glutamate), ainsi que le **gras**.

La **sensation gustative** est produite par les **papilles**, de petits organes situés sur la langue et le palais.

Lors de la mastication, les papilles « captent » les saveurs perçues lors du contact avec le mélange aliments + salive, puis **transmettent l'information au cerveau** via des nerfs spécifiques.

La détection des saveurs de base s'accompagne d'un phénomène encore plus subtil : pendant que l'on mâche, des **molécules volatiles** sont libérées du fond de la bouche et arrivent

Le goût

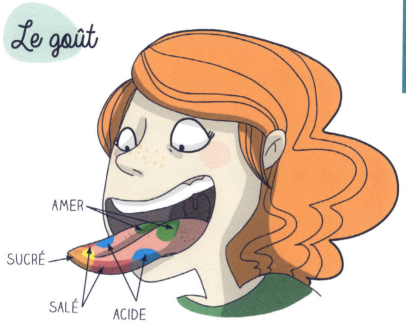

jusqu'au **nez**, où les capteurs d'odeur vont ajouter **une dimension olfactive riche et subtile**.

C'est pour cela que, lorsqu'on est enrhumé, on a l'impression de ne pas « sentir le goût » des aliments. En réalité, nos papilles perçoivent bien les saveurs de base (sucré, salé, etc.) mais, le nez étant bouché, l'expérience est incomplète. Essayez de manger en vous bouchant le nez, vous verrez la différence !

Il existe également **des capteurs de goût dans d'autres organes**, les intestins notamment, qui permettraient d'ajuster la production des substances nécessaires à la digestion des aliments ingérés. Par exemple, lorsque les aliments contiennent beaucoup de sucres dits « simples » (voir chapitre 2, p. 68), des capteurs situés dans l'intestin déclenchent une production plus forte de transporteurs du glucose, afin d'accélérer la digestion de ces nutriments.

❧ Mais à quoi ça sert, le goût ?

La principale fonction du sens gustatif est d'**identifier la nature d'un aliment** et de répondre à deux questions : est-il toxique ou comestible ? Est-il mûr (donc sucré) ou non ? L'organisme garde ces expériences en mémoire. Ainsi, le fait d'**absorber un aliment et d'être malade ensuite** va nous faire associer le goût de l'aliment en question à la maladie, et donc **nous en « dégoûter »**. À l'inverse, le fait d'absorber un aliment nouveau et d'y trouver des nutriments utiles à l'organisme va développer un « goût » pour cet aliment. D'ailleurs, avez-vous remarqué qu'on commence souvent à aimer un aliment lorsqu'on le goûte à un moment où l'on a très faim ? Dès lors, ce nouveau goût est associé à **une expérience positive pour l'organisme**, qui reste ancrée durablement dans notre mémoire gustative.

Or si le goût permet de détecter les **substances toxiques naturelles** (souvent via l'amertume), les produits toxiques que nous rencontrons aujourd'hui sont issus de la **chimie** (additifs, pesticides) et ne sont donc **pas détectables par notre sens gustatif**…

À RETENIR

Outre le goût, l'organisme dispose d'autres moyens pour nous permettre d'analyser et comprendre ce que nous mangeons. Ainsi, les « substituts » – comme les aliments « allégés » qui veulent faire croire à l'organisme qu'ils sont nutritifs alors qu'ils ne le sont pas – ne le trompent pas vraiment, et l'organisme va compenser en réclamant de plus grandes quantités. Même chose avec les édulcorants : **la supercherie est détectée par l'organisme.** C'est pour cela que les aliments « régime » ne conduisent quasiment jamais à une perte de poids durable, et même plutôt à une hausse du poids, car non seulement l'organisme en demande plus, mais aussi on se limite moins, sous prétexte que c'est moins calorique. C'est le piège (et le mensonge) des aliments « allégés ».

❦ Une fois les aliments mâchés...

Les muscles du **pharynx** évacuent les aliments vers **l'œsophage**, c'est ce qu'on appelle la **déglutition**.

Ensuite, **l'œsophage** utilise les **muscles** qui le tapissent sur toute sa longueur pour **transporter les aliments vers l'estomac**. Ce mécanisme est nommé le « péristaltisme ».

Après, **l'estomac** va prendre le relais…

ÉTAPE 2 : DANS L'ESTOMAC

L'estomac produit des **sucs gastriques**, substances qui vont dissoudre les aliments et les rendre solubles dans l'eau, sous l'effet des enzymes.

Les sucs gastriques étant très acides, les parois de l'estomac doivent être protégées : c'est le rôle du mucus. Ainsi, un problème au niveau du mucus va entraîner des problèmes d'acidité, des sensations de brûlure, voire des ulcères.

L'estomac joue un peu le rôle d'un **robot pétrisseur** qui va **mélanger les aliments et les sucs gastriques**. C'est le mouvement de **brassage** réalisé par les parois de l'estomac. Ces contractions mécaniques, associées à l'action chimique des sucs gastriques, vont produire une sorte de **bouillie** nommée « chyme ». Par cette action, beaucoup de **nutriments complexes** vont être **transformés en nutriments simples**, soit en molécules plus petites (par exemple, les protéines sont changées en petits acides aminés).

À la sortie de l'estomac, les aliments sont **soit découpés en particules très fines**, **soit dissous dans le liquide**, puis se dirigent vers **le début de l'intestin**, que l'on nomme **le duodénum**.

ÉTAPE 3 : DANS L'INTESTIN

Comme on ne sent pas grand-chose, on pourrait croire que ce qu'il se passe dans notre intestin n'est pas très intéressant… Bien au contraire ! Notre intestin est doté de 200 millions de neurones et on sait aujourd'hui qu'il est un peu notre « second cerveau »… Alors intéressons-nous à cette partie trop longtemps oubliée de notre corps, qui se révèle d'une importance vitale !

Le **duodénum** est **la première partie de l'intestin grêle**. Les **morceaux d'aliments** y sont là encore **découpés** par l'action des **sucs pancréatiques** (substances produites par le pancréas, vous l'aurez deviné) et de la **bile**, produite par le foie et stockée dans la vésicule biliaire.

Les nutriments sont maintenant suffisamment petits pour être absorbés par l'organisme par l'intermédiaire des **villosités**. Ces millions de petits replis de l'intestin permettent d'augmenter la surface de contact, et donc d'absorption. Les nutriments ainsi absorbés passent alors dans notre **sang**, qui **les transmet à l'ensemble de nos cellules**.

Ensuite, les **déchets de la digestion** (eau, fibres, certains glucides complexes, ainsi que d'autres parties des aliments non digérées…) parviennent dans le **côlon** (ou « gros intestin ») où ils sont compressés pour former les **selles**.

C'est aussi dans le côlon que ces déchets, notamment les fibres, **fermentent sous l'effet des nombreuses bactéries qui s'y trouvent**, ce qui permet aux selles de **mieux circuler**. Aussi les fibres aident-elles à lutter contre la constipation. En revanche, la fermentation de certains aliments (légumineuses, fruits…) peut **créer des gaz et des ballonnements** (voir chapitre 8, p. 259).

Quant aux selles, restes ultimes de notre repas, vous connaissez leur destin… Elles retrouvent leur liberté et s'en vont participer à nouveau au cycle de la nature.

Qu'est-ce que le microbiote ?

Le microbiote (ou **flore intestinale**) est l'ensemble des micro-organismes (bactéries, levures, champignons…) qu'abrite notre tube digestif. Il est **notre principal rempart contre les maladies** (virus, bactéries et autres agents pathogènes).

Les micro-organismes qui le composent jouent plusieurs rôles fondamentaux :

- Ils **empêchent** les bactéries dangereuses de proliférer.
- Ils **neutralisent** un certain nombre de **substances toxiques**.
- Ils permettent au **système immunitaire** de pleinement jouer son rôle.
- Ils **dégradent plusieurs nutriments** (fibres, acides aminés…) pour les rendre **utilisables par l'organisme**.
- Ils **facilitent le transit intestinal** en faisant fermenter les fibres.
- Ils synthétisent certaines **vitamines du groupe B** ainsi que la **vitamine K**.
- Ils produisent des **substances utiles pour le dialogue cerveau-intestin** (des neuromédiateurs).
- Ils contribuent enfin à de nombreux autres mécanismes (pas toujours bien connus) : **gestion des sucres et des graisses**, **régulation de l'appétit**…

À RETENIR

Notre flore intestinale est un véritable écosystème !
On compte plus de cent mille milliards de bactéries dans notre intestin (soit environ 2 kg pour un adulte), de plus en plus nombreuses au fur et à mesure qu'on va de l'estomac jusqu'à la fin de l'intestin. C'est notre microbiote, qui est spécifique à chaque individu, un peu comme une empreinte digitale.

CHAPITRE 1

On se rend compte depuis quelques années que de plus en plus de problèmes de santé seraient liés au **déséquilibre du microbiote intestinal : surpoids, hyperactivité, dépression**… On commence même à faire le lien avec des pathologies telles que la schizophrénie, la maladie de Parkinson, l'autisme et d'autres affections graves. L'obésité également : remplacer le microbiote de souris obèses par celui de souris de poids standard aide à les faire maigrir (et *vice versa*).

COMMENT PRENDRE SOIN DE SA FLORE INTESTINALE ?

Ceux qui ont un jardin savent qu'il n'est pas toujours facile d'en prendre soin ! Pour notre flore intestinale, c'est la même chose… Un microbiote sain étant indispensable à une bonne santé, il faut le préserver à travers une bonne alimentation ! Ainsi, **le sucre en trop grande quantité peut perturber ce fragile équilibre**. Un certain Tom Spector a mené une étrange expérience en 2014 (dans l'esprit du film *Super Size Me*) consistant à prendre tous ses repas dans un fast-food. Après seulement dix jours, son microbiote avait perdu le tiers des espèces bactériennes et il ne se sentait plus du tout, mais alors plus du tout en forme.

EN PRATIQUE

Il est conseillé d'éviter au maximum les sucres raffinés, les produits sucrés, les additifs, les antibiotiques, la viande non bio (car elle en contient souvent beaucoup), les antiacides (médicaments contre les remontées acides) et les édulcorants artificiels.

Il peut être bien également de diminuer les quantités de gluten, d'amidon (donc de féculents), d'alcool, de sodas et jus de fruits, d'aliments trop acides (ketchup, bonbons), ou encore de café qui est acidifiant : l'équilibre acide/base est un des éléments importants de l'équilibre de notre flore intestinale.

EN PRATIQUE

On peut **améliorer sa flore intestinale** en prenant régulièrement des **probiotiques** de bonne qualité (ils doivent comporter au moins 5 souches bactériennes avec une concentration d'environ 10 milliards de bactéries par prise quotidienne minimum). Une cure de probiotiques est conseillée quand on a été malade, surtout si on a pris des antibiotiques ! Notamment pour les enfants, qu'on a parfois tendance à gaver d'antibiotiques au moindre mal de gorge…

QU'EST-CE QUE L'ÉQUILIBRE ACIDE/BASE ?

Notre flore intestinale, comme le reste de notre organisme, est sensible à son **pH (potentiel hydrogène ; mesure de son niveau d'acidité)**, qui influence le développement de bonnes ou mauvaises bactéries. Celui-ci devrait idéalement être proche de l'équilibre (**pH = 7**), mais notre alimentation, la prise de médicaments, ainsi que des facteurs comme le stress peuvent entraîner un environnement trop acide (pH trop bas) ou trop alcalin (pH trop haut), ce qui crée un déséquilibre de notre flore intestinale et génère des problèmes digestifs.

Les aliments sucrés, les protéines et les céréales ont tendance à acidifier (diminution du pH), alors que les fruits et légumes vont alcaliniser (augmentation du pH).

QUE SONT LES PROBIOTIQUES ?

Un probiotique est un micro-organisme (bactérie ou levure) susceptible d'améliorer l'équilibre de la flore intestinale si on en ingère des quantités suffisantes.

ZOOM

Les neurotransmetteurs

Pour fonctionner de manière optimale, notre cerveau a besoin d'une matière première, qui passe par 6 neurotransmetteurs, lesquels sont de véritables « messagers chimiques » et ont besoin de certains aliments « précurseurs » :

• **l'acétylcholine** aide la mémoire ; son précurseur, la choline, se trouve dans le jaune d'œuf, la viande, les abats, les crucifères, les germes de blé, les céréales… ;

• **la dopamine** aide à être actif et à éprouver du plaisir ; ses précurseurs, la tyrosine et la phénylalanine, se trouvent dans les protéines (surtout les protéines animales) ;

• **la sérotonine** aide au calme et au sommeil ; ses précurseurs, les tryptophanes, se trouvent entre autres dans les flocons d'avoine, les volailles, l'avocat, certains fromages… ;

• **l'acide gamma-aminobutyrique** ou « GABA » aide à se relaxer ; son précurseur, la glutamine, se trouve entre autres dans les amandes, les céréales complètes, le son, les lentilles, les noix… ;

• **l'adrénaline** aide à se mettre en action ; son précurseur est la dopamine. On cherche en général à l'atténuer afin de « se calmer », ce qui peut se faire notamment grâce au magnésium.

• **la noradrénaline** aide à l'apprentissage et à l'attention, et semble jouer un rôle dans la gestion des émotions et la socialisation) ; son précurseur est aussi la dopamine.

EN SAVOIR PLUS

Le Charme discret de l'intestin, Giulia Enders, Actes Sud, 2015.

Le Ventre, notre deuxième cerveau, Cécile Denjean, documentaire Arte Éditions, 2014.

Le Syndrome entéropsychologique, GAPS, Dr Natasha Campbell-McBride, 2011.

EN RÉSUMÉ

- Il faut savoir **identifier la faim**, et bien la distinguer de faims compulsives, de besoins de manger ou encore des envies d'aliments sucrés, pour ne manger qu'en cas de réelle faim.
- Rester à l'écoute de son corps pour **reconnaître la sensation de satiété** et s'arrêter de manger lorsque l'on n'a plus faim, que l'organisme est rassasié.
- Le processus de digestion commence dès que les aliments sont mis dans la bouche, sous l'effet conjugué des **enzymes digestives** contenues dans la **salive** et de la **mastication**.
- Il est essentiel **prendre le temps de mâcher pour mieux digérer**.
- **Prendre soin** de sa **flore intestinale**, qui constitue **notre principal rempart contre les maladies**.

CHAPITRE 2

Connaître les aliments

Connaissez-vous bien les différents groupes d'aliments ? Savez-vous réellement ce que chacun vous apporte, en termes de nutriments et d'énergie ? Vous avez sans doute entendu moult recommandations qui parfois se contredisent. Vrai ou faux ? Ce chapitre répond à toutes vos questions.

CHAPiTRE 2

Fruits et légumes

Faut-il consommer 5 fruits et légumes par jour ?

Oui, mais c'est un minimum !
Cette recommandation bien connue du PNNS (Programme National Nutrition Santé) est intéressante, mais elle est **insuffisante**, car 5 portions de 80 grammes de fruits et légumes donnent 400 grammes par jour, ce qui est trop peu selon beaucoup d'experts – il faudrait être plutôt à au moins 600 grammes. Même si, comme toute recommandation, il faut bien sûr l'adapter à chaque personne.

> **EN PRATIQUE**
>
> **Variez les plaisirs** en consommant à la fois des **légumes crus** (qui vont apporter plus de vitamines et surtout des enzymes utiles à la digestion du reste du repas) et des **légumes cuits** (plus faciles à digérer). La bonne proportion ? **Un tiers de crudités et deux tiers de légumes cuits.**
>
> Si vous avez du mal à digérer les légumes crus, vous pouvez essayer de les arrêter pendant un mois, puis en reprendre progressivement la consommation, en commençant par de petites quantités.

CONNAÎTRE LES ALIMENTS

UN JUS DE FRUITS ÉQUIVAUT-IL À UN FRUIT ?

Non, absolument pas. Même s'il est fait maison, **et même fraîchement pressé, un jus de fruits ne peut compter comme un fruit**. Ceci pour plusieurs raisons :

• Un jus de fruits **ne contient pas les précieuses fibres du fruit**, mais son sucre va faire bien plus grimper la glycémie dans le sang, les fibres n'étant pas là pour limiter cette montée !

• Les **vitamines et minéraux du fruit vont rapidement disparaître** une fois le fruit pressé, principalement sous l'effet de l'oxydation, par l'exposition à l'air (c'est pour cela qu'un extracteur préserve mieux les vitamines qu'une centrifugeuse, qui brasse et chauffe beaucoup plus le liquide).

• Un jus de fruits n'apporte que **très peu de satiété** à l'organisme ; le cerveau le considère comme du liquide, sans vraiment prendre en compte les nombreuses calories qu'il apporte.

> **IDÉE REÇUE**
>
> **L'allégation** « ce jus de fruits = x fruits » est trompeuse car elle incite à croire que consommer un jus de fruits ou un smoothie a les mêmes bienfaits que la consommation des fruits qui sont dedans, ce qui est TOTALEMENT FAUX. L'astuce marketing consistant à mentionner sur l'emballage le nombre de fruits utilisés pour faire le jus est pernicieuse car elle induit cette équivalence, inepte **d'un point de vue nutritionnel.**

Viandes, poissons et œufs

Quelle quantité de viande consommer ?

Ça dépend des viandes !

La recommandation officielle du PNNS est de **ne pas dépasser 500 grammes de viande (hors volaille) par semaine**. Si l'on tient à consommer de la viande tous les jours, on peut opter pour des viandes « maigres » (volaille principalement).

Idéalement, il faudrait limiter la viande de bœuf ou d'agneau à 2 ou 3 fois par semaine, en privilégiant la qualité (pour éviter notamment les antibiotiques), comme les « flexitariens » (voir plus bas).

Quant à la charcuterie, le principal problème est la **consommation de nitrites dans les charcuteries cuites**. Attention aussi au **sel**, très présent dans la charcuterie sèche (jambon cru, saucisson).

> **EN PRATIQUE**
>
> D'une manière générale, il semble mieux de consommer la viande **le matin ou le midi**. Le soir, la viande aura tendance à « plomber » la digestion.

Y a-t-il un danger à consommer trop de viande ?

Oui, sur le long terme, trop de viande peut causer des problèmes.

La viande, surtout quand elle n'est pas mastiquée correctement, laisse de petits résidus dans l'intestin, qui vont fermenter et libérer des substances pas forcément très sympathiques, comme les acides chlorhydrique, sulfurique, mais surtout **l'acide urique**, qui risque d'acidifier l'organisme, d'autant que nous ne sommes

CONNAÎTRE LES ALIMENTS

pas spécialement conçus pour l'éliminer en grandes quantités (contrairement aux animaux carnivores).

Or, que fait l'organisme pour lutter contre cette acidité lorsqu'elle est trop forte ? Il semblerait qu'il **puise dans ses réserves de minéraux**, pouvant entraîner plusieurs problèmes de santé : ostéoporose, fatigue, constipation, douleurs articulaires, sans compter les problèmes rénaux (calculs ou insuffisance rénale) ! Néanmoins, **cela ne veut pas dire qu'il ne faut pas manger de viande**, car les protéines des produits animaux sont de très bonne qualité et les viandes apportent aussi des vitamines du groupe B et des minéraux. Mais il n'est pas nécessaire d'en manger tous les jours… Et surtout, **mieux vaut en consommer moins souvent mais de meilleure qualité**. C'est le fameux **flexitarisme** que de plus en plus de gens disent pratiquer aujourd'hui[1].

Un autre problème vient des **POPs** (Polluants Organiques Persistants) présents dans les graisses animales : ces substances toxiques, qui proviennent de plusieurs sources chimiques (PCB, dioxines, pesticides principalement), ont tendance à s'accumuler dans l'organisme des animaux, puis dans le nôtre quand nous les consommons. Car, comme leur nom l'indique, ils sont « persistants » et ne se dégradent pas naturellement.

MANGER DE LA VIANDE EST-IL UTILE QUAND ON MANQUE DE FER ?

Oui, notamment la viande rouge.

Selon l'enquête SU.VI.MAX[2], 91 % des femmes sont en dessous des ANC (Apports Nutritionnels Conseillés) en fer. La conséquence du manque de fer ? À l'extrême, l'anémie, soit une sensation de faiblesse généralisée, une fatigue qui arrive très rapidement au moindre effort, une grande pâleur, ainsi que d'autres signes : ongles cassants, pertes de cheveux… Les femmes sont plus concernées que les hommes, notamment, à cause des pertes menstruelles ou de la grossesse.

Deux types de fer existent dans l'alimentation : le **fer héminique** (lié à la présence de sang), que l'on trouve dans la viande et bien assimilé par l'organisme (à hauteur de 20 à 30 %), et le **fer non héminique**, présent dans les légumineuses et les légumes, mais moins bien assimilé par l'organisme (à hauteur de 1 à 5 %). La source de fer la plus facilement assimilable par l'organisme est donc **la viande**. En cas de carence en fer, il est intéressant de consommer de la **viande rouge** ou – encore mieux – du **boudin noir** (délicieux avec des pommes) ou des **abats** (du foie notamment), ainsi que des **mollusques** qui en contiennent beaucoup (vive les huîtres et les moules-frites !).
On entend beaucoup de choses sur les aliments qui **favoriseraient ou perturberaient l'assimilation du fer**… La **vitamine C** permettrait de **faciliter l'absorption du fer**, alors que cette dernière serait perturbée par[3] :

• le **calcium** (et donc tout ce qui en contient : produits laitiers, sardines, choux et brocolis). D'où peut-être l'origine d'une pratique religieuse (qui, comme parfois, prend sa source dans une raison physiologique concrète) consistant à ne pas manger de viande avec des produits laitiers… ;

• le **thé** (et le café, dans une moindre mesure). Il perturberait l'absorption du fer provenant des végétaux. Une solution est de ne pas boire de thé pendant les repas, mais au minimum 20 à 30 minutes après. L'impact sur le fer provenant des produits animaux serait moindre ;

• les **nanoparticules** ! Selon une étude menée par l'université Cornell[4] aux États-Unis, elles affecteraient l'absorption du fer, ainsi que d'autres vitamines. (Voir les additifs qui peuvent en contenir au chapitre 4, p. 157.)

PEUT-ON REMPLACER LA VIANDE ?

Oui, mais cela fait encore débat.

On parle souvent des **légumineuses** comme d'une source intéressante de protéines pour remplacer celles de la viande, mais ce n'est pas si simple. En effet, les légumineuses **manquent de certains acides aminés soufrés** que l'organisme humain ne sait pas produire en quantités suffisantes. L'autre problème vient de la **digestibilité** des légumineuses : seules 50 à 80 % de leurs protéines sont digérées par l'organisme, contre près de 95 % pour celles des produits animaux.

La possibilité de **remplacer les protéines animales à 100 % par des protéines végétales** reste donc un **vaste sujet de débat** avec des convictions très variables d'un spécialiste à l'autre… À chacun de se faire son opinion et de décider ce qui lui convient le mieux (il est tout de même fortement déconseillé d'imposer un régime totalement végétalien à des enfants).

Les **vitamines**, quant à elles, sont présentes pour la plupart dans les aliments végétaux (mais là encore, la notion de bioassimilabilité fait débat). **Seule la vitamine B12 ne se trouve pas dans les végétaux**, car elle est produite par des bactéries vivant dans le système digestif des animaux. Si l'on ne consomme que peu ou pas de produits animaux, il apparaît aujourd'hui indispensable de **se supplémenter en vitamine B12**. C'est particulièrement important pour les femmes enceintes ou allaitantes.

Des études récentes montrent que les **graines germées** apporteraient de la vitamine B12 qui serait bien assimilée, mais on ne sait pas encore si cela pourrait couvrir nos besoins…

IDÉE REÇUE

Attention : les microalgues comme la **spiruline** ou la **chlorella** contiennent **une forme de vitamine B12 qui est inactive**. Donc, contrairement à certaines idées reçues, elles n'apportent pas de vitamine B12 utilisable par l'organisme, bien qu'elles aient par ailleurs beaucoup d'autres bienfaits.

LES ŒUFS SONT-ILS BONS POUR LA SANTÉ ?

Oui ! On a trop longtemps « cassé » les œufs alors que ce sont des aliments sains (surtout de catégorie 0 ou 1)… Le **jaune d'œuf** contient de la **lutéine** et de la **zéaxanthine**, deux **puissants antioxydants** qui aident à prévenir le vieillissement des cellules, notamment des yeux. L'œuf contribue à retarder la dégénérescence maculaire et la cataracte. Comme toute la famille des caroténoïdes, la lutéine et la zéaxanthine (qui sont des pigments orange et jaunes) participeraient à la **prévention de certaines tumeurs**[5]. Et grâce à ses **caroténoïdes**, contrairement aux idées reçues, l'œuf pourrait avoir un rôle dans la **prévention des maladies cardio-vasculaires**[6].

IDÉE REÇUE

On a beaucoup entendu qu'il ne fallait pas manger d'œufs car ils donnent du cholestérol…

Cette idée reçue est liée à un vieux principe : « Puisqu'il y a du cholestérol dans les œufs, en manger augmente notre taux de cholestérol dans le sang, donc le risque cardio-vasculaire », dont on sait aujourd'hui qu'il est faux. D'une part, **le lien entre maladies cardio-vasculaires et cholestérol n'est absolument pas prouvé**, d'autre part, ce n'est pas parce qu'on ingère du cholestérol que le taux de cholestérol dans le sang augmente. Et, cerise sur le gâteau, **le cholestérol est indispensable à l'organisme**, notamment à notre **cerveau** (il compose une grande partie de la myéline, substance qui constitue l'enveloppe protectrice de nos neurones).

CONNAÎTRE LES ALIMENTS

L'œuf est **très fortement conseillé aux végétariens**, d'une part parce qu'il contient des **protéines** particulièrement bien assimilables par l'organisme, d'autre part parce qu'il est **riche en vitamine B12**, qu'on ne trouve utilisable que dans les produits animaux.

L'œuf contient également de la **choline**, une substance utile pour la mémoire, mais surtout indispensable pour les **femmes enceintes**, car utile au développement du cerveau du bébé[7].

Côté **vitamines** et **minéraux**, l'œuf a de quoi faire : A, B2, B5, B9, B12, D, E, phosphore, sélénium, zinc…

Au final, il est intéressant de **consommer des œufs régulièrement !** C'est un aliment sain dont il faut chasser la mauvaise image, fondée sur des informations erronées. Évidemment, comme toute chose, il ne faut pas en abuser. Il y a à peu près consensus aujourd'hui sur le fait que l'on peut consommer 5 œufs par semaine sans aucun problème. Au-delà, cela pourrait faire augmenter le mauvais cholestérol (LDL) et pourrait accroître le risque cardio-vasculaire chez certaines personnes (même si le sujet fait débat et dépend fortement des cas).

Faut-il consommer du poisson ?

Oui, c'est important, mais pas n'importe quel poisson…
Métaux lourds, produits chimiques, hydrocarbures, plastiques, surpêche… La question : « Faut-il manger du poisson ou pas ? » est aujourd'hui cependant pertinente.

Au-delà des **protéines, vitamines et minéraux** (iode, phosphore, magnésium, fer, sélénium, zinc) que l'on trouve dans le poisson, celui-ci a l'avantage de nous fournir les fameux acides gras **oméga 3** que notre organisme ne sait pas fabriquer.

La recommandation la plus courante est donc de **consommer du poisson 2 fois par semaine**. Toutefois, on peut compenser une alimentation pauvre en poisson en consommant des **huiles riches en oméga 3** (lin, noix, colza…), et il est conseillé de **privilégier les « petits » poissons type maquereaux et sardines** (très riches en oméga 3) et de **varier les types de poissons consommés**.

Quant aux contaminations par les **produits chimiques** et autres **métaux lourds**, elles seraient pour l'instant faibles et donc **sans danger**, sauf si l'on consomme chaque jour du poisson situé en haut de la chaîne alimentaire (thon, saumon, espadon). Les sushis et sashimis, c'est parfait, mais pas tous les jours ! (Voir aussi nos infos sur le choix des poissons dans le chapitre 4, p. 141.)

Céréales, féculents et légumineuses

Quel est l'intérêt des céréales ?

Les céréales – riz, maïs, blé, épeautre, orge, avoine, pour les principales – contiennent un certain nombre de **glucides** (70 à 80 %), des **vitamines** et des **minéraux**. Elles représentent souvent une partie importante de l'alimentation (riz, semoule, pâtes, pain…) et constituent, grâce à leurs glucides complexes (voir p. 68), une **bonne source d'énergie** pour l'organisme.

Les céréales sont idéales pour le petit déjeuner, non ?

Oui, les céréales constituent un bon aliment pour commencer la journée, à condition qu'elles ne soient **pas trop chargées en sucres** comme c'est, hélas, trop souvent le cas.
On conseille de bien vérifier les teneurs en sucre pour 100 g, ou – mieux – de privilégier les **céréales non sucrées** (flocons d'avoine ou autres) et de sucrer soi-même, avec des fruits secs, des pépites de chocolat, etc.

Faut-il consommer moins de céréales à cause du gluten ?

Non, car les céréales participent à une alimentation complète et équilibrée.
Par ailleurs, toutes les céréales ne contiennent pas de gluten. De plus, certains problèmes attribués au gluten sont parfois liés aux additifs présents dans les produits contenant du gluten (pain, biscuits…) et non au gluten lui-même.

ZOOM

C'est quoi, le gluten ?

C'est un ensemble de **protéines** (principalement la gliadine et la gluténine) présentes dans certaines **céréales** (en grande quantité dans le blé, en quantités plus faibles dans l'orge, l'épeautre, le seigle et l'avoine). Ces protéines donnent à la farine des **propriétés élastiques** qui permettent à la pâte de **lever** lors de la **fermentation** et aux pains et autres gâteaux d'avoir du **moelleux**.

Que reproche-t-on au gluten ?

On a tout dit sur le gluten : il a été accusé des pires maux, traité d'effet de mode créé par les fabricants de produits sans gluten… Chacun a son avis, souvent lapidaire. Or, comme toujours dès que l'on parle de nutrition, la réalité est un peu plus complexe.

Le gluten est incriminé dans trois problèmes de santé :

• **L'allergie au gluten** : une allergie alimentaire à une ou plusieurs protéines de certaines céréales, qui se manifeste par une réaction rapide, sous forme de rougeurs, de boutons, voire d'œdème, avec un risque vital dans les pires cas.

• Il s'agit en réalité plus d'une allergie au blé, à l'orge ou à une autre céréale, mais pas au gluten en tant que tel.

• **L'intolérance au gluten ou maladie cœliaque** (prononcer « céliaque ») : une maladie qui, lorsqu'on ingère du gluten, produit des anticorps qui attaquent l'intestin, détruisant peu à peu les villosités intestinales (les petits replis dans la paroi de l'intestin qui augmentent sa surface et facilitent l'absorption des nutriments lors de la digestion – voir chapitre 1). Ainsi, certaines vitamines et autres nutriments nécessaires au bon fonctionnement de l'organisme ne sont plus correctement absorbés.

• Les symptômes ne s'accentuent que très progressivement, ce qui rend la maladie **difficile à identifier** : douleurs abdominales, ballonnements, diarrhées, reflux, carences, eczéma, fatigue et tous les autres symptômes de malnutrition (voir chapitre 8).

• L'intolérance au gluten toucherait **1 % de la population fran-çaise**, mais, selon l'Association française des intolérants au gluten (AFDIAG)), seulement 10 à 20 % des cas seraient diagnostiqués en France[8].

• **La sensibilité au gluten** : nommée « sensibilité au gluten non cœliaque » (SGNC), elle entraîne des troubles digestifs dans un délai assez bref après la consommation d'aliments qui en contiennent. En revanche, les troubles disparaissent rapidement lorsqu'on diminue ou qu'on arrête leur consommation, car contrai-rement à la maladie cœliaque, la membrane intestinale n'est pas endommagée.

• La **sensibilité au gluten** toucherait **plus de 6 % de la popu-lation française** (plus selon certaines sources), mais puisque cette sensibilité varie selon les personnes, ces chiffres sont difficiles à estimer et certains pensent que toute la population serait sensible au gluten, à des degrés différents (en général très faibles).

Pourquoi parle-t-on de plus en plus du gluten ?

Au Néolithique, la première variété de blé cultivée était l'« engrain sauvage ». Mais avec l'évolution de l'agriculture et des besoins alimentaires, de nouvelles variétés de blé ont été créées au fil du temps, contenant de plus en plus de gluten, car le gluten augmente l'élasticité des pâtes réalisées avec de la farine, ainsi que le côté croustillant des pains et galettes obtenu après cuisson.

Il faut savoir que le blé dit « moderne », cultivé à la fin du XXe siècle, contient 42 chromosomes, contre seulement 14 pour le blé d'ori-gine. Ce qui induit des protéines que l'organisme ne sait pas digé-rer, augmentant au passage la perméabilité intestinale et laissant ainsi entrer des substances problématiques dans l'organisme. Cela renforcerait également les risques d'allergies.

Mais au-delà de la théorie, les bienfaits d'une alimentation sans gluten font largement débat, d'autant que les personnes supprimant le gluten suppriment au passage **certains produits industriels transformés riches en sucres, graisses, additifs**… Ce qui peut également jouer un rôle dans les améliorations ressenties.

En effet, le gluten n'est pas toujours responsable ! On pense notamment aux **additifs** présents dans le pain, qui peuvent déclencher des allergies et des troubles digestifs… Dans d'autres cas, l'amélioration des problèmes pour les personnes touchées viendrait de la réduction des quantités absorbées de **« FODMAPS »** (terme anglophone qui désigne les « fermentable oligo-, di-, mono-saccharides and polyols », soit le seigle, l'orge, les oignons, l'ail, les topinambours, les artichauts, les asperges, la betterave, la chicorée, les feuilles de pissenlit, les poireaux, la partie blanche des oignons nouveaux, les brocolis, les choux de Bruxelles, les choux, le fenouil, le chocolat, les légumes secs, les haricots, ainsi que certains édulcorants comme le xylitol, l'érythritol, le maltitol et le lactitol, courants notamment dans les confiseries sans sucre).

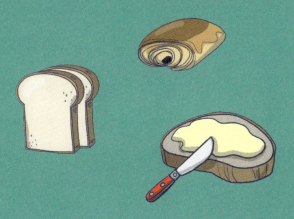

Où trouve-t-on du gluten ?

INGRÉDIENTS	Malt et extrait de malt
	Amidon (de blé, seigle, orge, épeautre ou avoine)
	Amidon modifié (si pas de précision)
	Protéines végétales (hydrolysées ou texturées)
	Matières amylacées
	Antiagglomérants
	Épaississants (présents dans beaucoup de produits allégés)
	Liant protéinique végétal
	Matières grasses allégées
ALIMENTS (SAUF MENTION CONTRAIRE)	Certains fromages, certains yaourts
	Les pains, viennoiseries et pâtisseries
	Certaines charcuteries (jambon, saucisses…)
	La plupart des plats préparés et des soupes en sachets
	Certaines boissons alcoolisées : bière, whisky…
	Les pâtes alimentaires (sauf mention contraire)
	Les gâteaux (petits gâteaux et grosses pâtisseries)
	Les céréales (sauf celles sans gluten : riz, maïs, avoine…)

🔧 **EN PRATIQUE**

Si les allergiques et malades cœliaques doivent impérativement éviter toute ingestion de gluten, pour les autres, c'est une question de **ressenti personnel**.

Si vous ressentez les symptômes décrits ci-dessus, parlez-en à votre médecin. Il pourra vous faire faire un test d'intolérance au gluten[9]. Si ce test est négatif, soit vos symptômes sont liés à d'autres causes, soit vous pouvez avoir une sensibilité au gluten. Auquel cas, à vous de diminuer votre quantité d'aliments contenant du gluten jusqu'à ce que vos symptômes disparaissent.

FAUT-IL PASSER AU PAIN SANS GLUTEN ?

Si l'on ne souffre pas d'allergie ni de la maladie cœliaque, il n'y a pas réellement de raison médicale de consommer du pain sans gluten, sauf pour le confort digestif.

Les **problèmes digestifs** que l'on ressent après consommation de pain ou de gâteaux peuvent venir d'autre chose : additifs, association malheureuse d'aliments… Pour mieux comprendre leur source et déterminer ce qui nous convient ou pas, il faut expérimenter (pain sans gluten, pain sans additifs, etc.).

Les ingrédients et aliments de substitution sont de plus en plus courants, mais ils sont souvent **plus onéreux**, soit parce que les matières premières sont plus rares, soit parce que les procédés industriels permettant de se passer des propriétés du gluten sont plus complexes, et donc plus coûteux à mettre en œuvre. Enfin, il y a la rareté : les produits sans gluten sont encore des produits « de niche », donc plus chers.

Les farines sans gluten donnent des pâtes plus friables – car c'est le gluten qui donne son élasticité à une pâte. Pour compenser l'absence de gluten et obtenir des pâtes qui lèvent, on ajoute des gélifiants naturels, comme la gomme de guar, le psyllium ou la gomme xanthane.

❧ LES FARINES SANS GLUTEN

TYPE DE FARINE	PARFAITE POUR	ATTENTION À
Maïs	Tous usages, mais parfaite en pâtisserie (goût neutre)	L'index glycémique (IG) élevé
Riz	Tous usages, mais parfaite en pâtisserie (goût neutre)	L'index glycémique (IG) élevé
Sarrasin (blé noir)	Les crêpes salées	Son goût très prononcé
Fécule de maïs (Maïzena®) Fécule de pomme de terre	Tous usages, mais parfaite en pâtisserie (goût neutre)	L'index glycémique (IG) élevé
Châtaigne	Goût agréable, bien adapté aux gâteaux (moins aux autres pâtisseries)	Son goût : il faut aimer la châtaigne, ou mélanger à une farine plus neutre

Coco	Goût agréable, qui fonctionne bien en pâtisserie	Son goût : il faut aimer la noix de coco, ou mélanger à une farine plus neutre
Millet	Tous usages	Son goût : il faut aimer, ou mélanger à une farine plus neutre
Lupin	Tous usages	Rien de spécial
Pois chiches	Goût agréable, tous usages. On fait la socca niçoise avec !	Son goût : il faut aimer, ou mélanger à une farine plus neutre

CONNAÎTRE LES ALIMENTS

À RETENIR

Certains produits sans gluten peuvent contenir des **additifs**… Contrôlez bien la composition. On peut parfois penser avoir un problème avec le gluten, alors que c'est un problème avec des additifs ! Tout comme un produit « allégé », ce n'est pas parce qu'un produit est sans gluten que tous ses ingrédients sont forcément bons pour la santé !

Pour une meilleure digestion, mieux vaut privilégier les pains complets et bio (voir chapitre 4, p. 147).

Comment consommer les légumineuses ?

Trop souvent ignorées dans notre alimentation quotidienne, fortement conseillées par l'Agence nationale de sécurité sanitaire de l'alimentation, de l'environnement et du travail (ANSES) et à peu près tous les nutritionnistes, les **légumineuses** ont énormément d'avantages pour notre bien-être (variété des nutriments, faiblesse de l'index glycémique, richesse en fibres et en protéines…) et pour notre plaisir ! Encore faut-il les apprivoiser pour mieux les intégrer à nos repas.

On peut les consommer en **salade**, mélangées à des légumes crus ou cuits… Citons quelques mélanges efficaces :
- haricots blancs et betteraves
- pois chiches, tomates et herbes fraîches
- carottes et lentilles corail
- pois chiches, agrumes et persil plat

Il est rare de trouver un pays sans plat à base de légumineuses. Les légumineuses font partie de nombreux **plats traditionnels de tous les pays.** Beaucoup sont **végétariens**, les légumineuses compensant au moins partiellement l'absence de protéines animales.

Voici quelques **plats classiques** utilisant des légumineuses :
- le houmous (le fameux « dip » libanais)
- le chili con carne
- les soupes au pistou (aux haricots blancs), de pois cassés, de pois chiches aux champignons et au lard
- la *feijoada* brésilienne (haricots noirs et viande de porc)
- la sauce aux lentilles corail (elles prennent vite une consistance de purée à la cuisson, qui les rend idéales pour une sauce)
- le petit salé aux lentilles
- les lentilles au saumon fumé
- le thali indien : riz avec curry de légumes et dal (soupe épicée aux lentilles corail)

Produits laitiers

Faut-il arrêter les produits laitiers ?

Ils ont certes mauvaise presse mais le débat n'est pas clos, et on ne peut pas mettre tous les produits laitiers dans le même panier. Donc, **non, il ne faut pas arrêter TOUS les produits laitiers !**

❧ Le problème du calcium...

S'ils apportent un certain nombre de **vitamines**, de **sucres**, de **minéraux** et d'**acides gras,** ainsi que des **protéines**, leurs bienfaits pour les os font aujourd'hui largement débat. En effet, on trouve du **calcium** dans de nombreux autres aliments, notamment dans les légumes. Et certains accusent les produits laitiers d'acidifier l'organisme, le forçant – dans les cas de régimes alimentaires fortement acidifiants associant sucres, viandes et produits laitiers – à puiser dans ses réserves minérales pour lutter contre cette acidité, ce qui fragiliserait les os… Mais on attend encore des études à grande échelle, ce qui est d'autant plus compliqué que l'acidification ne dépend pas que des produits laitiers, mais aussi d'autres aliments comme la viande… elle-même utile pour la santé des os !
Le sujet est très complexe et **il convient à chacun de tester et de voir ce qui lui convient le mieux**…

❧ ... et du lactose

Concernant les **allergies au lactose** chez les adultes (les enfants le tolèrent bien), elles sont liées à l'insuffisance d'une enzyme nommée **lactase**. À l'échelle mondiale, 80 % des adultes seraient allergiques au lactose. En France et en Belgique, on rencontre nettement moins ce problème du fait d'une mutation génétique dans les populations d'Europe du Nord, qui a entraîné

CONNAÎTRE LES ALIMENTS

la poursuite de la production de lactase à l'âge adulte. On parle, selon les sources, de 20 à 40 % de la population française, avec un plus fort taux d'allergie dans le Sud et chez les populations d'origine extra-européenne. Il semblerait qu'avec l'âge certains digèrent de moins en moins bien le lactose également.

Néanmoins, ce problème concerne principalement le **lait** et les **fromages frais** : les fromages n'ont plus de lactose en quantité significative et les yaourts contiennent des bactéries qui permettent de digérer le lactose dans l'intestin.

Enfin, les produits laitiers apportent des **protéines animales** (donc de bonne qualité) et restent très intéressants pour les végétariens.

Les laits de chèvre et de brebis contiennent **autant de lactose** que le lait de vache, mais le fait qu'ils aient **moins de caséines** les rend plus faciles à digérer pour les gens ayant des problèmes avec le lactose. Mais attention, **un problème de digestion du lait peut concerner certaines protéines plutôt que le lactose**, il convient donc de faire des tests en cas de problème. Il existe d'autres laits : le **lait de jument**, plus digeste car pauvre en caséines, et réputé intéressant car contenant de la lysosyme, une bactérie aux propriétés antimicrobiennes et anti-inflammatoires ; **le lait d'ânesse**, considéré comme le plus proche du lait maternel ; le **lait de chamelle**, faible en lactose, riche en fer et en vitamine C.

❦ QUE PENSER DU PROBLÈME DES FACTEURS DE CROISSANCE ?

Un autre débat n'est pas encore tranché : celui des « facteurs de croissance » présents dans le lait. Il s'agit de **molécules produites naturellement**, par l'homme et les animaux, jouant un rôle dans la croissance et le métabolisme de nos cellules. La grande question est de savoir si les molécules du lait destinées à la croissance d'un veau, par exemple, peuvent constituer un danger pour la santé de l'homme. Selon certains, ces facteurs de croissance pourraient favoriser la prolifération cellulaire et feraient du **lait de vache un aliment à limiter** pour les hommes de plus de 50 ans (dangereux pour la prostate) et les personnes présentant des risques cancéreux en général (l'idée étant alors de privilégier les produits au lait de chèvre ou brebis, car les facteurs de croissance sont bien moins importants chez ces animaux dont la différence entre la taille d'un adulte et celle d'un petit est moins grande que chez la vache).

Le sujet est complexe et sujet à de nombreux débats (d'autant, encore une fois, que tout cela varie probablement d'une personne à l'autre du fait de facteurs génétiques). On entend dire que les facteurs de croissance disparaîtraient dans le lait UHT grâce au chauffage, ou encore qu'ils seraient principalement produits par l'organisme humain, mais influencés par la consommation de produits laitiers… À suivre !

Est-ce bien de consommer du fromage ?

En général, oui. La bonne nouvelle est qu'il y a finalement **assez peu de problèmes** liés à la consommation de fromage ! Sauf allergie à l'un de ses composants, **le fromage est plutôt un aliment sain**, même s'il ne faut pas en abuser car il est en général assez gras… En revanche, manger du fromage le matin permet d'éviter la fringale du milieu de matinée (merci, le gras !).

On peut en général consommer du fromage (sauf fromages frais) si l'on est allergique au lactose, car ce dernier a en général disparu lors de la fabrication (il part avec l'eau de l'égouttage, puis le reste est transformé en acide lactique).

> **IDÉE REÇUE**
>
> En médecine chinoise, on conseille de **diminuer le fromage** (comme tous les produits laitiers) en cas de **rhume, sinusite ou autre problème ORL**, car il pourrait favoriser la production de **mucus**. Néanmoins, il n'existe pas à l'heure actuelle d'étude probante sur le sujet, d'autant que – comme pour tout le reste – cela dépend des gens.

Idéalement, comme pour les viandes, mieux vaut **privilégier autant que possible le fromage bio** ou fabriqué à partir du lait d'animaux qui n'ont pas été biberonnés aux antibiotiques !

❦ ET LE FROMAGE AU LAIT CRU ?

Les **risques sanitaires liés aux fromages au lait cru** seraient en réalité un **faux problème**, car les fromages au lait cru ont développé leurs **propres souches bactériennes** qui les rendent bien plus résistants aux bactéries pathogènes. Ainsi, un fromage au lait pasteurisé sera beaucoup plus facilement contaminé s'il est exposé à des mauvaises bactéries (dans votre réfrigérateur, par exemple).

Il faut défendre nos fromages au lait cru car ils sont les amis de notre flore intestinale, qu'ils viennent enrichir de bactéries intéressantes. Et ils sont les meilleurs amis du **goût** !

En ce qui concerne les femmes enceintes, le sujet fait débat, car un fromage pasteurisé peut être contaminé pendant son transport ou sa conservation, alors qu'un fromage au lait cru contient de « bonnes bactéries » qui combattent et éliminent la plupart des bactéries dangereuses – si elles ne sont pas présentes en trop grandes quantités (penser à nettoyer son frigo régulièrement !).

Néanmoins, afin d'éviter les risques de listériose, l'ANSES recommande aux femmes enceintes et aux personnes à risques (souffrant d'une maladie du foie, diabétiques, ou dont le système immunitaire est affaibli d'une manière ou d'une autre) d'éviter les aliments présentant un danger plus élevé de contamination par la bactérie *Listeria monocytogenes*, comme les fromages au lait cru (surtout à pâte molle), la croûte des fromages en général, les poissons fumés, les coquillages crus, le tarama et les produits carnés crus type charcuterie.

D'une manière générale, **moins le lait est chauffé, plus il garde ses nutriments, ses vitamines, son goût**, ainsi que les **enzymes** qui permettent de bien le digérer. Pour info :
• Lait **cru** : il ne doit pas avoir été chauffé à plus de 40 °C.
• Lait **microfiltré** : filtré à travers de très fines membranes pour le débarrasser de ses bactéries, sans toucher aux protéines, enzymes et vitamines, son goût est très proche de celui du lait cru.
• Lait **thermisé** : il est chauffé entre 57 et 68 °C pendant 15 secondes, ce qui détruit les bactéries pathogènes sans éliminer les vitamines et sans trop dénaturer protéines et enzymes.
• Lait **pasteurisé** : il est chauffé entre 72 et 75 °C pendant 20 secondes, ce qui détruit la plupart des bactéries, mais aussi les enzymes et les vitamines, dénature certaines protéines.
• Lait **UHT** (Ultra-Haute Température) : il est stérilisé par un chauffage à entre 140 et 150 °C pendant 2 à 5 secondes. Il peut donc se conserver beaucoup plus longtemps, tant que son emballage n'a pas été ouvert (c'est le fameux lait « longue conservation »). Cependant, ses vitamines et enzymes ont disparu, ses protéines sont dénaturées.

CONNAÎTRE LES ALIMENTS

🔧 **EN PRATIQUE** 🍴

Ne vous trompez pas sur le **taux de matière grasse dans le fromage** !

Un fromage annoncé avec 45 % de matière grasse est en réalité bien moins gras, car le pourcentage de matière grasse est mesuré sur **la matière sans eau**. Ainsi, un fromage blanc à 40 % de matière grasse ne contient en fait que 8 % de matière grasse (car le fromage blanc contient beaucoup d'eau).

PEUT-ON REMPLACER LE LAIT PAR DES BOISSONS VÉGÉTALES ?

Mis à part pour les bébés et les enfants en bas âge, c'est possible si on a une alimentation équilibrée par ailleurs.

Si les **boissons végétales** (amande, avoine, riz, soja, coco…), que l'on a longtemps appelées « laits végétaux » (mais cet usage est interdit depuis le 14 juin 2017 en Europe), ne sont pas de vrais laits, on peut souvent **les utiliser comme du lait** pour réaliser des smoothies ou boissons chaudes, des pâtisseries ou des sauces (béchamel, crème pâtissière), avec des céréales, ou les boire directement.

De la même manière, il existe des **crèmes végétales** qui s'emploient en cuisine comme de la crème liquide (ça ressemble plus à de la crème allégée).

Les différences viennent des **goûts** et des **textures** : ces boissons peuvent être plus ou moins liquides ou granuleuses et doivent toujours être bien secouées avant ouverture.

Ces **boissons végétales**, proposées comme substituts aux laits animaux, peuvent toutefois poser un problème à cause de leur **forte teneur en glucides**, due au végétal utilisé (le lait de riz, notamment), ou parce qu'elles contiennent souvent des **sucres ajoutés** (cas des versions aromatisées au chocolat, à la vanille ou autre). Il convient donc de **bien lire l'étiquette** pour éviter la montée en flèche de l'index glycémique !

À RETENIR

ATTENTION : ces boissons **ne peuvent absolument pas remplacer le lait maternel**. Hormis le lait maternisé, le lait de jument (vendu en magasin bio, frais ou en poudre) serait le seul substitut possible au lait maternel.

GRAISSES

LES GRAISSES SONT-ELLES MAUVAISES POUR LA SANTÉ ?

Non, les graisses sont au contraire indispensables à la santé. Le tout est de **privilégier les « bonnes graisses »**.
De nombreux débats font rage sur les graisses, notamment autour des graisses dites « saturées » (huile de coco et huile de palme notamment). Le seul point sur lequel tout le monde est d'accord, c'est que **les graisses sont indispensables, mais qu'il ne faut pas en abuser** (comme pour toute chose) !
D'une manière générale, **le gras est nécessaire pour le bon fonctionnement de l'organisme !** Il doit fournir 35 à 40 % de nos apports caloriques quotidiens selon l'ANSES[10]. Les matières grasses sont nécessaires pour la construction de plusieurs hormones, elles sont indispensables au bon fonctionnement de nos cellules et à notre métabolisme, elles permettent l'assimilation de nombreux minéraux ainsi que de certaines vitamines, elles constituent une source d'énergie fondamentale pour notre organisme…

L'idée de charger le gras de tous les maux est partie d'un constat purement mathématique : 1 g de lipides (graisses) apporte 9 kcal, contre seulement 4 kcal pour les protéines et glucides (sucres). La « théorie lipidique », née dans les années cinquante, accusait les graisses saturées et le cholestérol d'être la cause des maladies cardio-vasculaires. Mais en nutrition, les choses sont souvent bien plus complexes qu'il n'y paraît et, aujourd'hui, on revient de ces quelque 60 années d'erreur, qui pèsent lourd sur la balance du surpoids dans les pays occidentaux !

À présent, certains chercheurs soutiennent que le **cholestérol** n'aurait pas d'impact sur la mortalité cardio-vasculaire (sauf peut-être dans le cas où on a déjà eu une attaque cardiaque), ce qui fait encore largement débat. Ce qui est sûr, c'est que le cholestérol est utile, voire **nécessaire à notre organisme**, car il constitue une partie de la myéline, substance qui constitue l'enveloppe protectrice de nos neurones.

Une étude récente a encore démontré que **plus on avait de « mauvais cholestérol » après 60 ans… plus on vivait vieux**[11] ! Néanmoins, le consensus actuel veut qu'on tente de diminuer le LDL-cholestérol (le « mauvais » cholestérol), tout en évitant la – trop fréquente – surdose de statines (les médicaments anticholestérol).

LES GRAISSES SONT-ELLES CE QUI FAIT LE PLUS GROSSIR ?

Non. Il y a **plus de calories dans un même poids de graisse que de sucre**, mais c'est l'insuline, hormone sécrétée lors de l'ingestion d'aliments sucrés, qui favorise la prolifération de nos cellules graisseuses. Son mécanisme est simple : dès lors qu'un taux de sucre plus élevé que la normale est détecté dans le sang, l'insuline est sécrétée par le pancréas, ce qui constitue **un signal pour les cellules de « stocker » le**

sucre sous forme de graisse afin de faire retomber le taux de sucre dans le sang.

Notons qu'une étude récente[12], réalisée par The Lancet auprès de 135 335 personnes réparties dans 18 pays a mis en avant des résultats surprenants : d'une part, les participants consommant le **plus de sucres** (notamment via les boissons sucrées et les plats préparés) avaient un **risque de mortalité supérieur de 28 %** à la moyenne ; d'autre part, les participants consommant **plus de graisses** (y compris des graisses saturées) avaient pour leur part un **risque de mortalité inférieur de 23 %** à la moyenne.

Le pire est ainsi le mélange sucres simples (goût sucré, voir p. 68) + graisses, car le sucre déclenche l'« ouverture » des cellules graisseuses, qui se remplissent alors abondamment du fait des acides gras créés à partir des sucres simples et des graisses. Mieux vaut donc ne pas abuser des donuts et du kouign amann !

À RETENIR :

Toutes les calories ne se valent pas ! On nous a longtemps vendu la «chasse aux calories» comme le Graal pour mincir et améliorer notre alimentation. Or, la nature des aliments impacte bien plus l'organisme que la quantité de calories qu'ils représentent. Ainsi, le sucre et, en particulier, le fructose peuvent poser bien plus de problèmes que d'autres aliments, à apport calorique identique. C'est ce qui fait qu'un produit allégé peut être, au final, moins sain qu'un produit normal, même s'il contient moins de calories. Autre exemple : comparons l'ingestion d'un smoothie ou d'un jus de fruits avec la consommation des fruits qui le composent, alors que le nombre de calories est équivalent. L'organisme gère beaucoup moins bien le tsunami de sucre que représente une boisson que la digestion de fruits frais. Surtout, la satiété arrive très vite avec les fruits frais, alors qu'elle n'arrive pas avec une boisson (ne pas manquer le film *Sugarland* qui en fait brillamment la démonstration).

ZOOM

Les différents types de gras

Il y a plusieurs types de gras, qu'on appelle techniquement « acides gras »…

Les acides gras monoinsaturés (AGMI)
Ce sont principalement les acides gras **oméga 9** (acide oléique) présents dans l'huile d'olive, d'arachide, de noisette, de sésame, la graisse d'oie et de canard, les oléagineux (noix de macadamia, noisette, noix de cajou, amande, pistache…), l'avocat, le jaune d'œuf, certaines viandes.

Les acides gras polyinsaturés (AGPI)
Ce sont les **acides gras « essentiels »** que notre corps ne sait pas fabriquer et qu'on doit lui fournir via notre alimentation. Il y en a deux types :

• Les **oméga 3**, une famille elle-même constituée de différents acides gras : l'ALA (huile et graines de lin, graines de chia, huile de noix, de colza, de germe de blé, de soja, noix de Grenoble et de pécan), l'EPA (acide eicosapentaénoïque) et le DHA (acide docosahexaénoïque), présents tous deux dans les poissons type anchois, hareng, sardine, maquereau, thon, saumon.

• Les **oméga 6** (acide linoléique), présents dans les huiles de tournesol, de maïs, de pépins de raisin. Ils sont utiles à l'organisme, car ils participent à la constitution des membranes cellulaires et à la santé des systèmes cardio-vasculaire, cérébral, hormonal et inflammatoire.

À RETENIR

Une des clés de l'équilibre est d'avoir dans notre alimentation **un bon ratio entre oméga 6 et oméga 3, soit au maximum 4 pour 1**. Nous en sommes loin ! Mais il y a pire : aux États-Unis, ce rapport serait de l'ordre de 30 pour 1[13].

🌱 Les acides gras saturés (AGS)

Ce sont ceux qui résistent bien à l'oxydation (dégradation par l'air). On les trouve dans les matières grasses d'origine animale (viande, charcuterie, fromage, beurre, crème) et dans certaines huiles végétales solides à température ambiante (huile de coco ou de palme).

IDÉE REÇUE

Si on a longtemps considéré qu'ils étaient tous nocifs, on découvre aujourd'hui que, parmi la très grande variété des AGS, certains pourraient être bénéfiques, comme l'**huile de coco** (ingrédient de plus en plus apprécié et recherché) ou l'**huile de palme** (qui pose en revanche de gros problèmes écologiques), qui ont l'avantage d'être **très stables à fortes températures**.

🌱 Les acides gras trans

Ils existent en quantités inoffensives dans la viande et le lait, sont dangereux dans les **produits industriels** (plats préparés, viennoiseries et autres…) lorsqu'ils sont obtenus par **hydrogénation** des huiles végétales, ce qui les rend plus faciles à utiliser dans un processus industriel, mais ils **augmentent alors le risque de maladies cardio-vasculaires**, car ils peuvent contribuer à boucher les vaisseaux sanguins.

CONNAÎTRE LES ALIMENTS

QUELLES GRAISSES PRIVILÉGIER ?

On manque en général de graisses de type **oméga 3**, des acides gras essentiels qui ne sont pas synthétisés par l'organisme, d'où l'importance de favoriser, pour l'assaisonnement, des huiles qui en contiennent beaucoup.

On trouve des oméga 3 principalement dans l'huile et les graines de lin, les graines de chia, les huiles de noix, de colza, de germe de blé, de soja, les noix de Grenoble et de pécan, les produits labellisés « Bleu-Blanc-Cœur », les poissons type anchois, hareng, sardine, maquereau, thon, saumon…

Pour les **tartines** du petit déjeuner, le **beurre** reste un ingrédient intéressant car il apporte de la vitamine A (et en plus c'est très bon au goût) et il aide à tenir la matinée sans fringale.

À RETENIR

Dans les produits industriels, **fuir tous ceux qui ont dans leurs ingrédients de l'huile végétale hydrogénée ou partiellement hydrogénée.**

Quant aux huiles végétales, privilégier des huiles « première pression à froid » et se méfier des allégations « riches en oméga 3 » et autres promesses alléchantes. Ce qu'il faut regarder dans une huile (ou un mélange d'huiles), c'est le **rapport oméga 6/oméga 3**… Si ce rapport est supérieur à 5, elle a moins d'intérêt nutritionnel.

QUE PENSER DE L'HUILE DE COCO ?

On me recommande l'huile de coco, mais c'est une graisse saturée ! C'est bon ou pas ?

Difficile de répondre par oui ou par non car le sujet fait encore débat…

L'huile de coco comprend près de 90 % de matières grasses saturées (contre 64 % pour le beurre ou 14 % pour l'huile d'olive), ce qui explique son état solide à température ambiante et sa capacité à **résister aux hautes températures** sans dégager de substance toxique…

Les graisses saturées ont mauvaise réputation, mais celles de l'huile de coco sont quasiment toutes des **triglycérides à chaînes moyennes**, qui sont transformées en « corps cétogènes » par le foie, fournissant de l'énergie à l'organisme. Ces triglycérides à chaînes moyennes **réduiraient également les triglycérides dans l'organisme** (ceux qu'on préfère éviter) par rapport aux matières grasses à chaînes longues.

L'huile de coco comprend également de l'**acide laurique** (comme l'huile de palme), qui protège contre un certain nombre d'agents pathogènes (virus, bactéries…).

Néanmoins, certains chercheurs avancent qu'il n'y a pas assez de recul sur l'huile de coco et qu'on ne sait pas quels peuvent être ses effets sur le long terme, notamment sur les maladies cardio-vasculaires[14]. Les populations consommant beaucoup d'huile de coco connaissent peu de maladies cardio-vasculaires, mais cela pourrait être lié à leur régime alimentaire dans son ensemble (car ils consomment globalement moins de sucre et entre 30 et 50 % moins de graisses).

EN PRATIQUE

Si vous appréciez son goût, vous pouvez l'utiliser pour les cuissons (les pommes sautées à l'huile de coco, c'est sublime !), en alternance avec une huile dont les effets sont mieux connus comme l'huile d'olive.

Bien entendu, il faut choisir de l'huile de coco vierge, non raffinée, non chauffée.

CONNAÎTRE LES ALIMENTS

ET L'HUILE DE PALME ?

Même combat que l'huile de coco pour la santé… Cependant, l'huile de palme utilisée dans les aliments industriels est souvent **raffinée, chauffée, dégradée**… Ce qui en fait un produit que l'on peut **difficilement qualifier de bon pour la santé**.

De plus, la culture du palmier à huile est catastrophique pour les forêts… Même si de plus en plus d'efforts sont faits pour une huile de palme « durable », il reste encore beaucoup de chemin à parcourir pour limiter son impact sur la planète.

PRODUITS SUCRÉS

POURQUOI AIMONS-NOUS TELLEMENT LE SUCRE ?

Tout simplement parce que le sucre est **très facile à digérer**. Les sucres dits « simples » sont des petites molécules qui ne demandent pas beaucoup de travail à notre intestin pour être digérés et passer dans le sang.

Le nouveau-né a une attirance particulière pour le sucré (qui est la saveur du lait maternel), l'appétence pour les autres saveurs arrive ensuite. L'amertume est instinctivement perçue comme le signe d'une toxicité pour l'organisme, car elle est en général liée à des composants toxiques ou à un processus de décomposition, qui rend l'aliment impropre à la consommation.

Ce goût inné pour le sucré ne posait pas de problème avant, lorsque les aliments sucrés étaient rares dans la nature. Nos ancêtres chasseurs-cueilleurs ne rencontraient du sucre que dans le **miel** (qui était dangereux à récolter) et dans les **fruits mûrs** (qui pourrissaient vite et ne pouvaient être gardés) : ils devaient alors en manger un maximum le plus vite possible pour se constituer des réserves de graisse. Génétiquement, nous sommes encore programmés pour **nous jeter sur le sucre comme s'il était très rare**, alors qu'il est aujourd'hui présent partout.

Jusqu'au début du XIXe siècle, le sucre était encore **un produit rare**, qui n'existait quasiment pas à l'état naturel, sauf dans le miel, la sève de certains végétaux et les fruits mûrs.

Mais, aujourd'hui, ce goût est devenu un « piège » qui nous pousse à consommer beaucoup trop de produits sucrés. C'est à nous de nous réguler en limitant notre consommation d'aliments sucrés, malgré cette forte attraction.

La consommation de sucre en France était en 1850 de 5 kg par an et par habitant. En 1995, elle est passée de 34 kg par an et par habitant (en comptant le sucre présent dans les produits sucrés industriels)[15] !

En effet, le sucre se cache aujourd'hui dans les **plats préparés**, les **sandwichs**, les **pizzas** (dans la pâte), beaucoup de **soupes** et **sauces industrielles**, certains **légumes en boîte**, la plupart des **biscottes**, les **biscuits apéritifs**, la plupart des **charcuteries**… et bien d'autres produits ! C'est tout le problème…

ZOOM

Sucres simples et sucres complexes

Il y a plusieurs types de sucres, appelés aussi **glucides** :
Les sucres dits « simples »
Ils ont un **goût sucré** : glucose, fructose, saccharose, galactose et se composent d'une seule molécule. Associés, ils peuvent former des molécules plus complexes (qui sont elles aussi des sucres simples), telles que du lactose, du maltose, du saccharose (qui est le sucre blanc et se compose pour moitié de glucose et pour moitié de fructose). L'absorption de sucres « simples » fait **monter rapidement la glycémie** (le taux de sucre dans le sang), entraînant une réaction du corps pour faire baisser ce taux par l'intermédiaire du pancréas qui produit de l'insuline (les diabétiques, par exemple, ont un problème de pancréas qui ne produit plus d'insuline).
Les sucres dits « complexes »
Ceux-ci n'ont **pas de goût sucré**, ce sont :
• **L'amidon**, chaîne de sucres complexe que l'on retrouve dans certains fruits et légumes, les pâtes, le pain, les céréales.
• **Les fibres**, chaînes de sucres tellement complexes qu'elles ne sont pas digérées par l'organisme. Ainsi, elles « transitent » dans le système digestif sans fournir de calories et ralentissent le passage des autres glucides simples, et donc la vitesse à laquelle le taux de sucre monte dans le sang. C'est pourquoi manger un fruit ou un légume n'entraîne pas de pic glycémique, contrairement à la consommation de sucre sans fibres (sucrerie, boisson sucrée).
Les **glucides** (produits par l'organisme à partir de tous les aliments) ont pour principale fonction de **fournir de l'énergie au corps humain** (même sans activité physique : les fonctions vitales de l'organisme ainsi que le fonctionnement du cerveau en consomment beaucoup). Ce « carburant », le glucose, est produit par transformation d'une partie des aliments que nous mangeons.

POURQUOI FAUT-IL LIMITER LE SUCRE ?

Car, **en trop grandes quantités comme nous en consommons aujourd'hui, il est mauvais pour la santé et entraîne des problèmes d'obésité**.

❧ LE RISQUE DE DIABÈTE

Le problème est que **chaque fois que du sucre passe dans le sang**, le pancréas est sollicité pour sécréter de l'insuline et faire baisser la glycémie. Absorber beaucoup de sucre **demande beaucoup de travail au pancréas** qui peut commencer à fatiguer, car cet organe n'est pas du tout prévu pour gérer de grosses quantités de sucre, qui n'existaient pas dans l'alimentation humaine jusqu'à récemment. Il risque donc de **ne plus pouvoir produire l'insuline** : c'est le diabète de type 2, qui explose depuis quelques décennies…

Notons cependant que la consommation de sucre n'est pas seule responsable : l'exposition aux perturbateurs endocriniens dès le plus jeune âge constitue aussi un facteur favorisant l'explosion du diabète de type 2.

Chez les **enfants**, c'est encore pire, car les organes ne sont pas encore aussi fonctionnels que chez les adultes : le pancréas va mettre plus de temps à réagir.

❧ LA PRISE DE POIDS

Mais, dans les faits, qu'est-ce que l'organisme va faire de tout ce sucre ? Il en transforme certes une petite partie en énergie, mais il va surtout stocker tout le reste sous diverses formes :

• du **glycogène**, un glucide complexe, stocké dans les muscles et dans le foie ;

• des **acides gras**, stockés dans les cellules graisseuses.

Les capacités de stockage du foie et des muscles étant très limitées (notre organisme n'est pas fait pour recevoir de grosses quantités de sucre), **dès lors qu'on consomme du sucre, l'organisme se met très rapidement à stocker de la graisse**. Et ce, tant qu'il y a de l'insuline dans le sang. C'est un cercle vicieux : l'ingestion de sucre fait monter l'insuline, donc l'organisme se dit qu'il y a déjà du sucre dans le sang, qu'il est inutile d'aller piocher dans les réserves, et qu'il faut plutôt stocker le sucre en trop. Résultat : **les réserves de graisse se remplissent et on grossit**.

De plus, si les réserves sont pleines, le foie va en créer de nouvelles, sous forme de graisses particulièrement résistantes : les **triglycérides** (voir plus bas), qu'on n'aime pas trop trouver en grande quantité dans les analyses de sang.

❧ ET CHEZ LES ENFANTS ET ADOLESCENTS ?

Chez les enfants et adolescents, la consommation de sucre est un point de vigilance. Un enfant qui va manger très gras et/ou très sucré va **produire plus de cellules graisseuses qu'un enfant qui mange de manière équilibrée**. Ce mécanisme est sans doute lié au fait que l'humain a connu des époques où les grandes famines pouvaient succéder à des périodes d'abondance, et que plus un enfant pouvait « stocker » de nourriture sous forme de graisses en période d'abondance, plus grandes étaient ses chances de survie. Le corps est donc « programmé » pour déterminer le nombre de cellules graisseuses pendant les premières années de la vie et en produire beaucoup si on lui donne un grand nombre de choses à stocker.

Le problème est que ces cellules graisseuses vont constituer un « capital graisse » que l'enfant gardera une fois devenu adulte. Un enfant en surpoids a ainsi beaucoup plus de risques d'être en surpoids une fois adulte, car il aura **plus de cellules graisseuses prêtes à être remplies**[16] !

> **EN SAVOIR PLUS**
>
> Les plus curieux pourront chercher en ligne l'expérience de *Damon Gameau*[17], qui a consommé 160 grammes de sucres simples par jour pendant 2 mois et quasiment pas de graisses. Résultat : 10 cm de tour de taille en plus ! Ça fait froid dans le dos…

❦ LA STÉATOSE HÉPATIQUE

Est-il vrai que beaucoup d'Américains ont le « foie gras » du fait d'une trop grande consommation de sucres ?

Hélas, c'est une réalité. La **stéatose hépatique** – ou cirrhose graisseuse – est l'équivalent d'une cirrhose causée par l'alcool, sauf que celle-ci est due au **fructose**, dont le traitement par le foie charge ses cellules en graisse. C'est ce qui permet de faire le « foie gras » des canards.

On parle de 25 % des Américains touchés[18] ! Ce phénomène est lié à **l'omniprésence du fructose dans leur alimentation**, sous la forme du « HCFS » (sirop de maïs à forte teneur en fructose), principal agent sucrant utilisé aux États-Unis dans les sodas et produits industriels. Notons que les canards utilisés pour le foie gras sont gavés au maïs car c'est ce qui permet de charger leur foie en graisses ! Mêmes causes, mêmes effets…

D'une manière générale, le problème du fructose est lié à son absorption rapide en grandes quantités, comme c'est le cas avec les boissons sucrées (jus de fruits, sodas). Alors que, dans fruits, l'assimilation du fructose est fortement freinée par les fibres, il n'y a ainsi aucun risque à manger beaucoup de fruits, c'est même recommandé !

❦ MAIS ALORS, POURQUOI DIT-ON QUE L'ORGANISME A BESOIN DE SUCRE ?

Le problème est qu'on a trop souvent eu tendance à **nommer « sucre » le glucose nécessaire à notre organisme**. Or quand on nous parle de « sucre », on pense « sucre blanc » ou « aliments sucrés », alors que les sucres indispensables au bon fonctionnement de notre organisme sont **extraits des légumes, féculents et de tous les autres aliments**.

Aussi, quand on consomme des aliments sucrés ou du sucre blanc, bien loin de se donner de l'énergie, on ne fait qu'**affoler complètement le système** et, dans les pires cas, favoriser un prédiabète. Hélas, cette confusion a été longtemps entretenue dans l'esprit des consommateurs…

À RETENIR

L'organisme n'a AUCUNEMENT besoin de sucre ni de produits sucrés. Les autres aliments lui permettent d'avoir tous les glucides nécessaires à son fonctionnement.

Donc, s'il est vrai que le sucre nous apporte de l'énergie, on en a largement assez avec une alimentation normale (sans sucres « simples »), et à moins de courir un marathon tous les jours, le fait de manger trop de sucres **ne va pas nous donner plus d'énergie, mais nous faire grossir**. L'énergie nécessaire à notre activité se trouve tout simplement dans nos muscles et dans notre foie, sous forme de glycogène, ainsi que dans nos cellules graisseuses.

QUELLE EST LA BONNE DOSE PAR JOUR ?

L'ANSES parle de **100 grammes de sucres « simples » par jour**[19], y compris les « sucres cachés » dans les plats cuisinés, le ketchup et autres sauces, le pain, etc. L'organisation mondiale de la santé (OMS), quant à elle, recommande **10 % de l'apport énergétique total**, soit **25 grammes par jour pour un enfant** (l'équivalent de 6 petits morceaux de sucre de 4 grammes)[20]. C'est-à-dire pas grand-chose !

Pour vous donner une idée, voici quelques équivalences en morceaux de sucres.

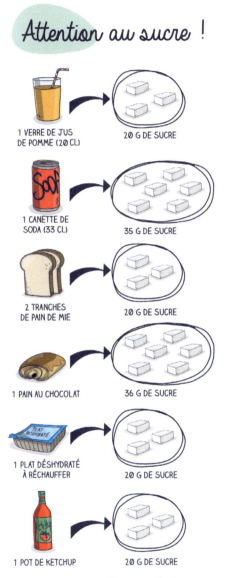

Calculs basés sur des morceaux de sucre de 6 grammes, en partant de valeurs courantes pour les produits indiqués.

Que sont les triglycérides ?

Les **triglycérides** sont des **graisses fabriquées par le foie à partir de nos aliments**, notamment le sucre et l'alcool. Ces graisses sont principalement **stockées au niveau du ventre**. On peut considérer qu'on en a « trop » lorsque notre taux de triglycérides dans le sang **dépasse 2 grammes par litre**. À partir de 4 grammes, il faut commencer à sérieusement s'inquiéter. Au-delà de la prise de poids, les triglycérides favorisent les problèmes cardio-vasculaires[21].

Pour faire baisser ses triglycérides, il est conseillé de **diminuer les aliments sucrés** (bonbons, gâteaux, sodas et jus de fruits) ou à **index glycémique élevé** (le pain blanc, purée de pommes de terre), mais également de **manger plus de fibres** (légumes notamment, aliments complets bio), de manger plus de bonnes graisses (oméga 3) et bien sûr d'augmenter son activité physique.

Qu'est-ce que l'index glycémique ?

L'index, ou indice glycémique (appelé souvent IG), est un nombre permettant de **classer les aliments contenant des glucides en fonction de leur effet sur la glycémie** (taux de glucose dans le sang) pendant les deux heures suivant leur ingestion.

Cet IG est calculé par rapport à un aliment de référence, le glucose pur, qui a l'indice 100, soit un IG très élevé. L'IG permet ainsi de comparer le type de glucides des aliments et de limiter sa consommation d'aliments à IG élevé, car ils produiront un pic glycémique et une production d'insuline qui, à terme, peut entraîner des problèmes de santé, et notamment un diabète. (Voir « Sucres simples et sucres complexes », p. 68.)

Plus un aliment fait monter haut et vite le taux de sucre dans le sang, plus son IG est élevé. On parle alors d'un aliment « glycémiant ».

Connaître son indice glycémique permet, entre autres, de savoir si un aliment est à manger à jeun ou après/en même temps que d'autres aliments à l'IG plus bas, ce qui permettra de **limiter l'IG global d'un repas**, et donc l'impact sur l'organisme.

🥬 QUELQUES INDICES GLYCÉMIQUES...

INDICE GLYCÉMIQUE ÉLEVÉ (> 50)	
Dattes fraîches	103
Glucose	100 (index de référence)
Galette de riz	82
Purée de pommes de terre	80
Potiron / potimarron	75
Pain blanc (baguette)	70
Fruits secs (raisins secs, abricots secs…)	60 à 65
Pâtes	60
Flocons d'avoine	54
Riz Basmati cuit à l'eau	58
INDEX GLYCÉMIQUE MOYEN (ENTRE 35 ET 50)	
Riz complet	50
Carotte cuite	49
Nugget de poulet	46
Pêche fraîche	42
Pomme, poire (selon les variétés)	35 à 40

CONNAÎTRE LES ALIMENTS

INDEX GLYCÉMIQUE BAS (< 35)

Haricots verts (cuits)	30
Pamplemousse, myrtille, mûre	25
Carotte crue	16
Salade (sans assaisonnement)	15
Chou, chou-fleur, concombre	15
Oléagineux (noix, noisette, noix de pécan)	0
Steak, escalope, côte de porc, fruits de mer cuits	0
Œuf à la coque	0
Poisson cuit à la vapeur	0

Mais **la notion d'indice glycémique n'est pas parfaite**, car c'est une vision très simpliste qui ne prend pas en compte les proportions de masse osseuse, de masse graisseuse, de masse musculaire, etc. Chaque individu étant unique, on parle aujourd'hui de plus en plus de « poids de forme », propre à chaque personne.

Surtout, l'IG indique la **qualité des glucides** contenus dans les aliments (leur impact sur la glycémie), mais ne prend pas en compte leur **quantité ingérée**. D'une part, des aliments à IG élevé pris en petite quantité peuvent tout à fait ne pas avoir d'impact sur la glycémie ; d'autre part, une forte consommation d'aliments à IG bas peut induire d'autres problèmes, car l'IG ne tient pas compte de la **qualité nutritionnelle des aliments**, leur teneur en graisses par exemple. Les aliments à IG faible ne sont donc pas forcément les meilleures indications pour la santé. On a ainsi créé la notion de **charge glycémique** (CG), laquelle tient compte de la quantité de glucides ingérés, en fonction des portions. Pour connaître la CG d'un plat, il s'agit de multiplier l'IG d'un aliment par sa quantité (portion) et de diviser le résultat par 100.

Charge glycémique = (IG x quantité de glucides d'une portion d'aliment) / 100

Exemple : pour 100 g de purée de pommes de terre maison (IG = 80, quantité de glucides = 15 grammes), la charge glycémique sera de = 15 x 80 / 100 = 12.

On additionnera ensuite les CG de toutes les portions ingérées au cours des repas, sur une journée. Une CG journalière inférieure à 80 est considérée comme basse. Au-delà de 120, la CG est élevée et donc susceptible d'entraîner des problèmes de santé.

Quels sucres consommer ?

Le mieux est sans doute de consommer du sucre **non raffiné** : du rapadura, du sucre complet, ou encore du sucre blond non raffiné, que l'on trouve en magasin bio ou au rayon bio des grandes surfaces. En effet, le sucre blanc et le sucre raffiné sont nutritionnellement « vides », ils n'apportent aucune substance utile.

Les sucres non raffinés offrent un peu plus de nutriments (même si cela reste du sucre) et ils ont l'avantage d'avoir un goût plus corsé, ce qui fait qu'on en utilise de plus petites quantités.

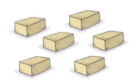

ZOOM

Les différents types de sucres

Le **sucre blanc** (en poudre ou en morceaux) est **le plus raffiné**. Le raffinage est la transformation de la canne à sucre ou de la betterave en sucre, qui produit du saccharose). Plus un sucre est raffiné, moins il comporte de minéraux et vitamines. Ainsi, le sucre en poudre blanc n'apporte que des calories.

Le **sucre glace** est du sucre en poudre broyé (vous pouvez le faire vous-même si vous avez un mixeur très puissant), il a donc les mêmes propriétés nutritionnelles que le sucre blanc (son intérêt est qu'il permet de faire des pâtisseries à la texture plus fine).

La **vergeoise** est un sucre de betterave très raffiné avec peu d'intérêt nutritionnel, mais très utilisé dans le nord de la France pour son goût plus marqué.

La **cassonade**, le **sucre roux** et le **sucre blond** sont des sucres raffinés à 95 % (ils gardent 5 % de minéraux et autres matières) et ont un goût un peu plus marqué (un peu vanillé). Attention cependant, car beaucoup de sucres roux commercialisés sont des sucres blancs colorés ! Privilégiez les produits des magasins et rayons bio.

Le **sucre complet** n'est pas raffiné et a donc gardé tous ses minéraux et ses vitamines d'origine. Il est très parfumé et son pouvoir sucrant est très fort. On en trouve dans les magasins et rayons bio des supermarchés. Il attaque un peu moins les dents que le sucre blanc, grâce à ses vitamines et ses minéraux.

Le **rapadura** est un sucre complet provenant de la canne à sucre, au goût fort et très sucrant.

On trouve aussi d'autres sucres, comme le sucre de coco ou le sucre de palme, le sirop d'érable, le sirop d'agave, le sirop de maïs, le sirop de malt ou encore le sirop de riz. Chacun a un pouvoir sucrant et un indice glycémique différent.

EN PRATIQUE

Attention aux sucres type vergeoise, cassonade, sucre roux et sucre blond qui sont souvent raffinés à 95 %, voire à 100 %, puis caramélisés ! Lisez bien les étiquettes…

LES ÉDULCORANTS : BONS OU MAUVAIS POUR LA SANTÉ ?

Tout dépend des édulcorants. Selon une évaluation réalisée par l'ANSES, il n'existe **pas d'éléments permettant de conclure à la nocivité des édulcorants**, néanmoins, ils **n'aident pas non plus à perdre du poids**. L'ANSES insiste sur le fait que **remplacer le sucre par des édulcorants n'aide pas à évacuer l'attraction pour le goût sucré**, notamment chez les plus jeunes, ce qui veut dire qu'il vaut mieux éviter de leur donner trop de boissons sucrées, qu'elles contiennent du vrai sucre ou des édulcorants.

L'étude E3M de l'Institut national de la santé et de la recherche médicale (INSERM) met en avant un **risque plus élevé de diabète pour les femmes** consommant souvent des boissons aux édulcorants. Une explication serait que les édulcorants augmentent la sensation de faim ! Mais l'étude ne précise pas de quels édulcorants il s'agit. Et le problème est que les études disponibles se fondent pour la plupart sur des critères anciens et ne permettent pas une analyse totalement complète.

Il y a **2 types d'édulcorants** : les édulcorants énergétiques, qui contiennent des calories plus des glucides, mais leur index glycémique est inférieur à celui du sucre, et les édulcorants **non énergétiques**, qui ne contiennent ni calories, ni glucides, donc ne font pas monter la glycémie, mais qui sucrent plus que le sucre !

CONNAÎTRE LES ALIMENTS

🌱 LES ÉDULCORANTS ÉNERGÉTIQUES

• Polyols : Xylitol (e967), Maltitol (e965), Sorbitol (e420), Isomalt (e953), mannitol (E421). Les polyols protègent des caries, mais sont laxatifs à haute dose (pas plus de 30 g/jour) et toxiques pour les chiens. Ils amènent une légère fraîcheur en arrière-goût. Ils sont bien adaptés à la cuisson.

• Fructose : déconseillé, car c'est le fructose qui pose le plus de problèmes (le foie le transforme en triglycérides).

• Sirop d'agave : IG plus bas que d'autres sucres ou que le sirop d'érable, mais contient beaucoup de fructose.

• Stevia : très fort pouvoir sucrant et peu calorique, la stevia amène une légère amertume, on l'utilise donc souvent associée à du sucre (pour réduire la quantité de sucre) ou à d'autres édulcorants.

🌱 LES ÉDULCORANTS NON ÉNERGÉTIQUES

Aspartame (E951), saccharine (E954), acésulfame de potassium (E950), sucralose (E955).

Ils sont déconseillés aux femmes enceintes et aux enfants. Plus largement, le débat n'est pas tranché sur leur dangerosité à long terme pour l'organisme. La cuisson peut dénaturer leur goût !

À RETENIR

10 g de sucre = 1 g d'édulcorant liquide = 2 comprimés = 1 cuil. à café rase de poudre.

EN PRATIQUE

Comme toujours, la bonne attitude pourrait être de ne pas abuser des édulcorants et de privilégier ceux qui sont **d'origine naturelle** : la **stevia** et le **xylitol** naturel (qui provient du bouleau), même si on manque encore d'études et de recul sur leurs impacts à long terme.

LES ALIMENTS FERMENTÉS

On en parle beaucoup depuis quelque temps… Mais qu'est-ce que cette fermentation, qu'on essaie d'éviter dans notre intestin et qu'on recherche dans nos aliments ?

QU'EST-CE QU'UN ALIMENT FERMENTÉ ?

La **fermentation** est un processus **de transformation des aliments** sous l'effet de certaines **bactéries**, qui va modifier ces aliments, d'une part pour les conserver, d'autre part pour changer leur goût et leur texture et ainsi obtenir des formes d'aliments particulières (yaourt, fromage, choucroute, sauce soja, nuoc-mâm, olives, levain pour le pain, pâte miso…).

La fermentation n'est possible que pour les aliments qui contiennent des sucres : fruits, légumes, champignons, lait, céréales et légumineuses.

Il existe principalement deux types de fermentation qui nous intéressent : la **fermentation lactique**, où des bactéries nommées «lactobacilles», transforment les glucides des aliments en acide lactique, et la **fermentation alcoolique**, où une levure, composée de champignons microscopiques, va transformer les sucres en éthanol et autres composants créateurs de goûts (ainsi qu'en chaleur !).

D'autres existent, comme la **fermentation acétique**, qui change le vin en vinaigre, la **fermentation butyrique**, qui donne une odeur forte et un goût piquant aux fromages de caractère, la **fermentation propionique**, utilisée aussi pour fabriquer certains fromages… où apparaîtront des trous du fait de la création de dioxyde de carbone au passage, sans oublier la fameuse « pourriture noble » qui permet la réalisation des meilleurs vins liquoreux et « vendanges tardives »

CONNAÎTRE LES ALIMENTS

par l'action d'un champignon qui absorbe l'eau des grains de raisin et concentre les sucres.

La fermentation se déroule selon un principe simple : les aliments sont enfermés dans un récipient en présence de certaines bactéries qui, n'ayant pas besoin d'oxygène pour proliférer (juste de glucides), prennent le dessus sur les bactéries dangereuses et prolongent ainsi la durée de consommation des aliments.

ÇA CONSERVE LES ALIMENTS, MAIS NOUS ALORS ?

Les aliments fermentés sont **les meilleurs amis de notre flore intestinale**, mais pas seulement…

Petit résumé des nombreux avantages qu'on leur prête…

• La fermentation **chasse les mauvaises bactéries** et aide au développement des **bonnes** en apportant des **probiotiques**, qui vont faire du bien à notre flore intestinale, et donc à notre immunité et à notre organisme en général.

• Les aliments ont en général **plus d'intérêt nutritionnel après fermentation**. Par exemple, les yaourts sont beaucoup plus riches en vitamines B que le lait, la choucroute est plus riche en vitamine C que le chou… Et souvent, les nutriments intéressants sont **plus facilement assimilables** par l'organisme.

• Des **saveurs nouvelles**, plus **prononcées**, se développent lors de la fermentation.

• Le **pain au levain** (qui est fermenté) pose moins de problèmes que le pain réalisé avec des levures (pain classique) du fait de l'absence d'acide phytique, substance qui « chélate » les minéraux et peut ainsi créer des carences (voir chapitre 8, p. 250).

Et même des propriétés encore plus pointues…

• Ils permettraient de lutter contre la prolifération de certaines cellules cancéreuses[2]

• La fermentation rend les **produits laitiers accessibles** à ceux qui ne digèrent pas le lactose (car pendant la fermentation, il disparaît en partie ou en totalité, selon les cas). La consommation d'aliments fermentés comme le kombucha (boisson acidulée obtenue par culture de bactéries) aiderait même à mieux digérer le lactose.

• Ils aideraient à lutter contre les maladies cardio-vasculaires[3].

• Les jus de choucroute et d'autres légumes fermentés peuvent être utilisés pour soigner des gastro-entérites ainsi que les troubles du transit (c'est le cas dans les pays germaniques).

• Certains aliments fermentés pourraient contribuer à abaisser la glycémie (taux de sucre dans le sang), notamment chez des personnes en surpoids[4].

En revanche, comme toute chose, **il ne faut pas non plus en abuser !** Les légumes fermentés notamment apportent jusqu'à plus d'1 g de sel aux 100 g, il faut donc faire attention si l'on a une tension élevée.

AU QUOTIDIEN, SOUS QUELLE FORME CONSOMMER DES ALIMENTS FERMENTÉS ?

Là aussi, tout est une question d'expérimentation : il faut essayer et voir si cela améliore les choses (ou pas).

Voici quelques occasions parmi les plus courantes de consommer des aliments fermentés…

• Dessert simple et sain, le **yaourt**. Non sucré de préférence (ou que l'on sucre soi-même) et idéalement enrichi en bifidus, en *Lactobacillus casei* (L-Casei) ou en *K. Philus*. C'est aussi un très bon en-cas.

• Une **choucroute**, quel délice en hiver ! En Allemagne, on en mange toute l'année, en accompagnement des viandes. Bien sûr, mieux vaut forcer sur la choucroute que sur les charcuteries qui l'accompagnent…

• Le **fromage** ! Chaque variété de fromage tire sa personnalité d'une flore bactérienne qui le rend unique. Là aussi, attention aux quantités car le fromage est souvent très salé et très gras.

• Les **olives**. Saviez-vous qu'il s'agit d'aliments fermentés ? (Essayez de les manger juste après la cueillette, vous allez voir que la fermentation a une utilité…)

• Les **cornichons**, pour égayer un sandwich, une viande froide, ou encore apporter un peu d'acidité à une assiette de crudités hivernale.

• Le **lassi** : une délicieuse boisson indienne très facile à trouver ou à préparer, qu'on peut déguster nature, voire salée (courant en Inde) ou, plus doux, à la mangue ou à la rose. Miam !

• Le **kéfir** : il en existe deux versions : le « kéfir de fruits » (ou « kéfir d'eau ») réalisé à partir d'eau sucrée et le « kéfir de lait » à base d'un produit laitier. Cette fermentation se fait à partir de graines de kéfir (que l'on trouve en magasin bio). Une légende dit que, chez certains peuples du Caucase, il était courant de trouver des personnes de plus de cent, voire cent dix ans qui n'étaient jamais malades, grâce aux bonnes bactéries contenues dans les graines de kéfir.

• Le **kombucha** se trouve de plus en plus souvent en magasin (et systématiquement en magasin bio), tout comme les jus de légumes lacto-fermentés (choucroute, mais aussi carotte et autres…).

• La **pâte miso**, celle qu'on utilise pour faire la fameuse soupe miso japonaise, est non seulement un aliment fermenté, mais c'est aussi un fabuleux exhausteur de goût ! Je recommande d'essayer, en entrée, des tranches d'aubergines cuites à la pâte miso, c'est un pur régal. La pâte miso est également excellente ajoutée à une vinaigrette ou dans une sauce… Et pour les végétariens, elle apporte une saveur qui rappelle celle de la viande grillée tout en étant 100 % végétale.

• D'une manière générale, de nombreux plats asiatiques utilisent des produits fermentés : **nuoc-mâm**, **pâte miso**, **kimchi** et autres condiments, mais aussi certaines formes de soja comme le tempeh ou encore le natto (palais sensibles s'abstenir !).

BOISSONS

QUELLES SONT LES DIFFÉRENTES CATÉGORIES D'EAUX ?

• Les **eaux du robinet**, qui répondent à un cahier des charges précis les rendant propres à la consommation.

• Les **eaux de table**, vendues en bouteille.

• Les **eaux de source**, vendues en bouteille, qui doivent provenir d'une source précise (contrôlée quant à la qualité de son eau) et qui ne doivent avoir subi aucun traitement après la sortie de la source.

• Les **eaux minérales**, riches en minéraux, qui correspondent chacune à un cahier des charges particulier, définissant leur taux en minéraux.

FAUT-IL BOIRE DE L'EAU DU ROBINET OU EN BOUTEILLE ?

D'un point de vue écologique, l'eau en **bouteille** a **beaucoup plus d'impact**, car elle doit être recueillie, embouteillée et transportée. Ensuite la bouteille doit être recyclée (quand elle n'est pas tout simplement jetée à la poubelle ou dans la nature). **L'eau du robinet est donc plus vertueuse d'un point de vue écologique.**

CONNAÎTRE LES ALIMENTS

D'un point de vue **santé**, il y a débat… Cela dépend principalement de **la qualité de l'eau du robinet**. Elle peut être polluée par des nitrates ou des pesticides (notamment en zone de cultures agricoles), du fait de la contamination des nappes phréatiques.

La **vétusté des installations** peut également poser problème (présence de plomb, cuivre, nickel, ou encore de bactéries en trop grand nombre), notamment dans certaines petites communes rurales. On peut se rassurer lorsqu'on sait que **plus de 95 % de l'eau du robinet** répond aux critères (très exigeants) fixés par l'État. Néanmoins, ces critères peuvent sembler encore incomplets si l'on considère que certaines substances (résidus de médicaments, perturbateurs endocriniens…) ne sont pas encore recherchées.

> **EN SAVOIR PLUS**
> Vous pouvez vous renseigner sur la qualité de votre eau du robinet sur ce site :
> http://solidarites-sante.gouv.fr/sante-et-environnement/eaux/article/qualite-de-l-eau-potable

L'eau en bouteille est elle aussi contrôlée de très près. Néanmoins, si les différentes compositions de ces eaux peuvent en faire des **sources de minéraux intéressantes** en cas de carences (en magnésium, par exemple), elles peuvent également poser des problèmes si un élément est présent en trop grande quantité (le fluor, par exemple).

> **IDÉE REÇUE**
>
> **Les phtalates** présents dans les bouteilles en plastique ne présentent pas de danger de migration vers l'eau, car ils sont emprisonnés dans la structure de la bouteille (les eaux minérales utilisent des bouteilles en PET (PolyEthylène Téréphtalate), que l'on repère grâce au chiffre 1 dans le symbole triangle).
>
> Et pour les bouteilles d'eau que l'on transporte l'été ou quand on boit au goulot d'une bouteille qu'on a laissé des heures dans une voiture surchauffée : là, ce ne sont pas tant les phtalates que les **bactéries** qui sont à craindre !
>
> En revanche, **l'antimoine**, un composant utilisé comme catalyseur pour le PET, peut se comporter comme un perturbateur endocrinien et demeure autorisé par la réglementation. Les industriels gagneraient sans doute à être plus transparents sur les procédés de fabrication de manière à rassurer les consommateurs.

CONNAÎTRE LES ALIMENTS

EN PRATIQUE

Comment éviter le goût de chlore de l'eau du robinet ?

Il suffit de remplir une carafe (ouverte) : le chlore s'évapore en 1 à 2 heures. Si on est pressé, on peut ajouter une rondelle de citron ou une feuille de menthe, pour masquer le goût du chlore.

Quant aux **carafes filtrantes**, elles sont controversées. D'abord, elles sont souvent mal utilisées ! Elles doivent être stockées au réfrigérateur et l'eau doit être bue dans les 24 heures. En outre, elles altéreraient la qualité microbiologique de l'eau. De plus, certaines carafes filtrantes sont constituées de nanoparticules d'argent, dont l'impact n'est pas bien connu sur le long terme. C'est un point à vérifier avant d'en acheter une !

Les **boissons sucrées** regroupent les sodas, limonades, sirops et boissons aromatisées aux fruits (qui contiennent peu ou pas de fruits, selon les cas, et des additifs visant principalement à donner du goût. Elles contiennent entre 90 et 120 g de sucre par litre.

Pour ceux qui ont du mal à boire de l'eau (ça arrive !), les eaux aromatisées peu ou pas sucrées peuvent être une bonne solution (notamment celles aux agrumes ou à la menthe).

COMMENT CHOISIR UN JUS DE FRUITS ?

Un bon jus de fruits provient idéalement d'un **fruit fraîchement pressé** (ou préparé avec un extracteur de jus) et doit être **bu dans les minutes qui suivent**, pour bénéficier de ses vitamines.

Du côté des jus de fruits industriels, il faut privilégier les **« 100 % pur jus »** (avec rien d'autre dedans) qui ne soient pas faits « à base de concentré », car ils ont perdu leurs arômes et vitamines, qu'on a rajoutés artificiellement ensuite. (Il faut savoir que les arômes ne sont pas considérés comme des additifs et donc n'ont pas l'obligation d'être signalés, notamment dans les jus de fruits…)

Idéalement, il faut les diluer avec de l'eau, sinon cela représente une grosse charge en fructose, ce qui peut poser un certain nombre de problèmes. C'est important surtout chez les jeunes enfants, qui risqueraient de prendre très vite goût aux boissons sucrées, ce qui n'est pas un cadeau à leur faire.

Évidemment, il faut fuir les jus contenant des sucres ajoutés, des additifs et des colorants !

Il semble aujourd'hui important de limiter au maximum la consommation de boissons sucrées par les enfants et, notamment, de retarder le moment où ils vont commencer à en goûter. L'eau est la meilleure des boissons pour eux.

ZOOM

Les types de jus de fruits

Quels sont les différents types de jus de fruits ? Contiennent-ils beaucoup de sucre ?
Sauf autre mention sur l'étiquette, un « jus de fruits » ne contient que des fruits pressés. Sa teneur en sucre varie en général entre 80 et 150 g par litre.

• Un **jus de fruits « à base de concentrés »** a été **déshydraté** puis **réhydraté** (le plus souvent pour le transporter plus facilement). Dans certains cas, le goût ayant quasiment disparu lors du processus de déshydratation, des **additifs** sont rajoutés pour **redonner un goût**, en général adapté au marché sur lequel il sera vendu (ce sont souvent des parfumeurs qui conçoivent les goûts réintroduits dans les jus de fruits à base de concentrés !).

• Un **nectar de fruits** est en réalité un jus de fruits (25 à 50 % du volume), auquel on ajoute de l'eau et du sucre. À éviter car il y a déjà bien assez de sucre dans le jus de fruits !

Il y a débat aujourd'hui quant à **la teneur en vitamines et nutriments des jus de fruits**, eu égard à leur **pasteurisation** (qui détruit une grande partie des vitamines) et à leur **durée de conservation**. Certains industriels rajoutent des **vitamines de synthèse** pour pouvoir le mentionner sur l'étiquette, mais même si les molécules sont similaires, on doute encore de la capacité de l'organisme à assimiler correctement des vitamines de synthèse.

LE JUS DE FRUITS : BON OU PAS POUR LA SANTÉ ?

Soyons clairs : sauf s'il est consommé dans les minutes qui suivent sa fabrication à partir de fruits frais, un jus de fruits **n'a guère plus d'intérêt nutritionnel qu'un soda** (c'est-à-dire quasiment aucun). D'autant que la concentration en sucre de certains jus de fruits est parfois **plus élevée que celle des sodas** ! Mais cela ne veut pas dire qu'un soda est meilleur qu'un jus de fruits… Tout dépend de ce qu'il contient !

🌶 TENEURS MOYENNES EN SUCRE POUR 1 VERRE DE 25 CL

jus d'orange	21 g de sucre
jus de pamplemousse	22 g de sucre
jus de pomme	27 g de sucre
soda	30 g de sucre
jus d'ananas	34 g de sucre
jus de raisin	38 g de sucre

UN VERRE DE VIN PAR JOUR, C'EST BON POUR LA SANTÉ ?

On entend beaucoup de choses contradictoires sur le sujet, notamment sur l'intérêt du vin rouge grâce à ses **polyphénols**. Mais pour atteindre des niveaux significatifs de **resvératrol** (la substance anti-âge qui améliore notre métabolisme), il faudrait boire des quantités de vin rouge qui auraient bien plus d'impacts négatifs que positifs…

CONNAÎTRE LES ALIMENTS

Une journaliste de *Vox* a entrepris un travail de fourmi pour faire une synthèse des études les plus sérieuses et a interrogé plusieurs experts[25]. Si on devait résumer, une **consommation quotidienne modérée d'alcool quel qu'il soit** (2 verres de vin de 15 cl ou 1 verre d'eau-de-vie de 5 cl) aurait en moyenne un **léger impact positif** sur la prévention des maladies cardio-vasculaires et du diabète. Néanmoins, même une consommation modérée peut, chez les **femmes**, être un **facteur augmentant les risques de cancer du sein**, en fonction du mode de vie (sédentarité, cigarette…).

Et le **risque pour la santé** est **bien réel au-delà d'un verre par jour**. *« Il y a un risque que l'alcool attaque le capital génétique dans les cellules et favorise les cancers. En effet, le cancer intervient quand des cellules ont des mutations spontanées de leurs chromosomes, et qu'elles ne sont plus régulées par le corps. Or, l'alcool a cet impact sur les cellules. Si l'on ne re-consomme pas tout de suite, les processus réparateurs de l'organisme régleront le problème. Mais si les consommations sont fréquentes et régulières, les processus de réparation vont moins fonctionner, et cela favorisera le risque de cancer*[26]. *»*

La difficulté est que l'alcool ne constitue qu'un facteur de risque parmi d'autres, sans compter la loterie génétique qui peut rendre l'organisme plus ou moins résistant à l'alcool ou à l'addiction. En conclusion, boire un verre ou deux avec des amis lors d'un repas de temps en temps fait partie du plaisir, il ne faut pas s'en priver ! Mais en faire une **habitude quotidienne** a **plus d'inconvénients que d'avantages** sur la santé…

Il ne faut pas oublier non plus que **les alcools sont très caloriques** : ils apportent 7 kcal par gramme (ou par ml) d'alcool. Un nombre d'autant plus important si la boisson possède un degré d'alcool élevé.

Puis-je accepter un verre de vin pendant ma grossesse ?

La prudence et la raison imposent que, pendant la grossesse, on ne consomme **pas une goutte d'alcool** et on ne fume **pas une cigarette**. En effet, il est aujourd'hui de plus en plus probable que la consommation d'alcool et de tabac, même infime, favorise l'expression de gènes liés, entre autres, à l'agressivité et à l'hyperactivité pendant l'enfance.

Les dernières découvertes en épigénétique (voir chapitre 8, p. 275) nous ont fait découvrir que seuls 15 % de nos gènes sont immuables, 85 % d'entre eux pouvant être exprimés en fonction de facteurs environnementaux, tels que l'alimentation… C'est particulièrement vrai pendant la grossesse, car c'est à ce moment que les cellules du futur enfant se construisent. De la même manière, l'exposition aux **produits chimiques** doit être évitée au maximum pendant la grossesse (par exemple, de graves problèmes de malformations seraient liés à des herbicides).

Pourquoi, avec l'âge, supportons-nous moins l'alcool ?

Le **foie** est l'organe qui est en charge du **traitement de l'alcool**, grâce à des **enzymes** qui, hélas, se font **de plus en plus rares avec l'âge** (il faut compter environ 1 heure pour que le foie traite l'équivalent d'un verre de vin). Et plus le foie met de temps à traiter les substances ainsi ingérées, plus certaines toxines (comme l'acétaldéhyde) passent du temps dans l'organisme et causent leurs dégâts (maux de tête, nausées, déshydratation)…

Plus globalement, le ralentissement du métabolisme lié à l'âge **ralentit la récupération**. Une bonne séance de **marche** peut aider car elle va activer le métabolisme.

La **neuroplasticité**, c'est-à-dire la capacité du cerveau à récupérer, se fait elle aussi **plus lente**, tout comme la capacité du corps à combattre les **inflammations** et les **agressions** – et l'alcool en est une, dès lors que l'on dépasse un verre ou deux !

À RETENIR

Lorsque l'on boit de l'alcool, il mieux vaut éviter les médicaments ! Les interactions entre les deux sont dangereuses et trop souvent sous-estimées.

EN RÉSUMÉ

- **Tous les groupes d'aliments sont nécessaires au bon fonctionnement de l'organisme.**
- **5 fruits et légumes** par jour sont **un minimum**.
- Les **protéines animales** sont de très bonne qualité, mais il n'est pas nécessaire d'en manger tous les jours.
- Les **légumineuses** compensent au moins partiellement l'absence de protéines animales.
- Mieux vaut consommer moins souvent de la **viande**, mais de meilleure qualité.
- Contrairement aux idées reçues, les œufs sont des **aliments sains**, fortement conseillés aux végétariens, de même que certains **produits laitiers**.
- Une grande partie de la population mondiale ne peut digérer le **lactose** contenu dans le lait, mais peut consommer des yaourts et du fromage, le lactose ayant disparu lors du processus de fabrication.
- Les **céréales, non sucrées**, participent à une alimentation complète et équilibrée.
- Les **problèmes digestifs** que l'on ressent après consommation de pain ou de gâteaux peuvent venir du **gluten**, mais également des additifs, de mauvaises associations alimentaires… Si les allergiques et malades cœliaques doivent impérativement éviter toute ingestion de gluten, pour les autres, c'est une question de **ressenti personnel**.
- Les **graisses** sont indispensables à la santé. Le tout est de privilégier les « bonnes graisses ».
- Les **aliments sucrés** doivent ête limités, l'organisme n'en a aucunement besoin ; les autres aliments lui apportent tous les glucides nécessaires.
- Les **aliments fermentés** sont les meilleurs amis de notre flore intestinale.
- L'**eau** est la seule boisson dont l'organisme a besoin.

CONNAÎTRE LES ALIMENTS

CHAPITRE **3**

Composer ses repas

Pas toujours facile d'équilibrer ses repas au fil de la journée et de la semaine… Ce chapitre regorge de conseils pour vous aider à composer des petits déjeuners, en-cas, déjeuners et dîners idéaux en termes nutritionnels. Le seul mot d'ordre : rien n'est interdit pour peu que l'on ait une alimentation variée. L'important n'est pas de ne pas manger de ceci ou de cela, mais de manger de tout !

LES RÉGIMES : POURQUOI ILS NE MARCHENT PAS…

Des fortunes se sont faites grâce aux régimes : à coups d'achat de livres, de méthodes, ils ont fait maigrir beaucoup… de **portefeuilles**.

Le mot « régime » a déjà quelque chose de **déplaisant**. Il évoque une **restriction des libertés**, une forme de **dictature alimentaire**. Regardez sur Google : si l'on tape « régime », les termes associés « totalitaire » et « de Vichy » passent largement devant « démocratique » !

Le principe qui consiste à suivre un régime pendant un certain temps n'est pas viable, car ce n'est pas en modifiant temporairement ses habitudes qu'on va changer les choses durablement. C'est plutôt la meilleure façon pour mieux retomber dans les excès ensuite.

Globalement, l'**efficacité à long terme** des régimes (plus de 2 ans) est estimée **en dessous de 15 %** (pour les régimes correctement suivis ! Les autres, on n'en parle même pas…).

Et il n'est question ici **que de la perte de poids**, pas des effets secondaires. Car si le régime de restriction calorique, qui consiste à ingérer moins de calories que l'on en consomme, a peu d'impacts négatifs si on mange équilibré, les autres régimes sont bien plus dangereux…

Les régimes **hyperprotéinés** catapultent votre consommation de viande dans la stratosphère, pouvant induire une acidification de l'organisme, de grosses quantités d'urée (un déchet provenant de la dégradation des protéines, qui peut donner des crises de goutte), des calculs rénaux, sans parler de l'haleine désagréable qui va avec…

Les régimes **pauvres en graisses** sont risqués quand on sait à quel point les graisses sont indispensables à notre santé, notamment pour notre cerveau (voir chapitre 2).

Les régimes incluant des **phases pauvres en fibres** induisent de la constipation et privent l'organisme du précieux rôle d'« éboueur » des fibres.

Quant aux **régimes dissociés**, ils chamboulent les équilibres de notre organisme et risquent de perturber le fonctionnement de certains organes clés (cerveau, foie…) et de mécanismes, qui ont besoin de nombreuses substances pour fonctionner correctement (le système hormonal notamment). Sans oublier les **carences** qu'ils peuvent créer, ou aggraver car nous avons souvent déjà des carences dont nous n'avons pas conscience (voir chapitre 8, p. 250).

Bref, un **changement brutal** dans la nature et la variété des aliments que l'on mange met en péril l'équilibre global de notre organisme.

Au-delà de ces problèmes, le principe des régimes est de croire qu'on va pouvoir « tromper » son organisme en s'appuyant sur des mécanismes simples : restriction calorique = brûlage des réserves de graisse, plus de protéines = augmentation du métabolisme…

Mais l'organisme est un écosystème **bien plus élaboré** et **bien plus complexe**, où d'innombrables systèmes fonctionnent en symbiose… On ne trompe pas son organisme si facilement.

Et il ne faut pas oublier que ce dernier a une mémoire ! Aussi, la première chose que se dit l'organisme après une période de privation et de frustration, c'est : « Ouf, c'est fini ! Maintenant, c'est la fête » (gros lâchage) ou encore : « C'était dur… Bon, on va faire plus de réserves, des fois que ça se reproduise ! » Pour finir, le **régime** est souvent une **souffrance**… Et l'organisme n'aime pas souffrir ! Alors qu'une **modification en douceur** des habitudes alimentaires va non seulement être **durable**, mais surtout permettre de **découvrir de nouveaux plaisirs**. Donc, par pitié, arrêtons de parler de régime ! Parlons équilibre, parlons **lutte contre le stress**, **activité physique**, **plaisir** (sinon à quoi bon ?), parlons **variété** et **découverte** de nouvelles saveurs. Et donnons-nous la peine de comprendre comment fonctionne notre organisme. C'est l'approche que j'essaie de promouvoir à travers ce livre.

EN SAVOIR PLUS

Maigrir sans lutter, Laurent Chevallier, Fayard, 2015.

COMPOSER SES MENUS SUR UNE SEMAINE

Là encore, tout est affaire de **bon sens** ! Le menu idéal pour un repas n'existe pas vraiment, ni même sur une journée. On estime que c'est **plus à l'échelle d'une semaine complète** que l'on peut arriver à une **alimentation équilibrée**, en compensant la soirée apéro + pizza + tiramisu par une soirée soupe + salade, en répartissant les légumes sur toute la semaine, en évitant de faire plusieurs fois la même chose…

Composer ses menus pour la semaine n'est pas forcément la solution idéale pour tous. Certains (dont je fais partie) n'aiment pas tout programmer à l'avance et préfèrent se laisser guider par l'envie du moment. Néanmoins, prévoir une semaine de menus a tout de même plusieurs avantages importants :

• permettre une **gestion des courses** cohérente et optimisée ;

• **voir en un coup d'œil si l'équilibre alimentaire est respecté** sur la semaine et détecter des éventuels problèmes (trop de viande, manque de variété dans les légumes, etc.) ;

• **ne pas se poser trop de questions** en rentrant le soir, voire sous-traiter tout ou partie de la préparation à ses enfants, son conjoint, sa nounou…

EN PRATIQUE

Si vous souhaitez composer vos menus de la semaine sans rentrer dans une approche trop « commando frigo », **responsabilisez chaque membre de la famille** en lui confiant le choix du menu d'un soir (ou deux) et, pourquoi pas, sa réalisation !

Le petit déjeuner idéal

L'en-cas idéal

Le déjeuner idéal

Crudités (carottes râpées, concombre)

Viande OU poisson OU œufs OU légumineuses (1/4 assiette)

Féculents (pommes de terre, riz, semoule OU pâtes) (1/4 assiette)

Légumes cuits (1/2 assiette)

Le dîner idéal

1 yaourt OU 1 morceau de de fromage

Assiette de légumes cuits
OU poisson
OU une assiette de pâtes
OU une omelette
OU une part de quiche ou de tarte salée accompagnée de légumes ou de crudités
OU une soupe de légumes de saison

COMPOSER SES REPAS

LE PETIT DÉJEUNER

Le petit déjeuner est un repas important, car il **donne des forces pour la matinée** et **pose le rythme de la journée**. Trop copieux ou trop chargé en **sucres simples** (gâteaux, jus de fruits, pain blanc), il va faire **monter en flèche le taux de sucre** dans le sang et créer une **hypoglycémie juste après**, donc un « coup de mou » en plein milieu de matinée. Trop peu consistant et trop peu gras, il va entraîner une fringale vers 11 heures. Dans les deux cas, on sera tenté par **le premier aliment sucré à portée de main**, ce qui déclenchera (ou poursuivra) le cycle infernal **hyperglycémie/hypoglycémie**, ainsi que celui du **grignotage**.

Cela dit, si vous n'avez vraiment pas faim au lever (chacun ses besoins et ses habitudes), vous pouvez ne pas prendre de petit déjeuner. Mais alors, il faut alors **prévoir un en-cas** (sain) pour le matin (vers 10-11 heures), au risque de ne pas tenir jusqu'à midi.

S'HYDRATER

Avant toute chose, le premier réflexe du matin devrait être de **s'hydrater**. Avec de l'eau à température ambiante ou tiède (pas de l'eau qui sort du réfrigérateur, qui demanderait à l'organisme un effort pour la réchauffer). Idéalement, **deux grands verres**. Si ça ne pose pas de problème au goût, l'idéal (surtout en hiver) est d'ajouter quelques gouttes de **jus de citron** dans l'eau chaude ou tiède (pas d'orange ni de pamplemousse). Le citron apporte de nombreux bénéfices :

• un effet **dépuratif** pour le **foie** (via l'acide citrique qui favorise la sécrétion de bile), organe dont le bon fonctionnement est primordial pour notre santé ;

• il aide à **réguler l'acidité** dans notre organisme (le citron est un aliment alcalinisant, ce qui n'est pas le cas des autres agrumes), ce qui renforce l'immunité ;

• il stimule l'intestin et améliore le **transit** ;

• il soigne la peau et l'immunité grâce à la **vitamine C** ;

• une action **antibactérienne** ;

• une action **diurétique** ;

• et d'autres bienfaits grâce aux **bioflavonoïdes**, au magnésium, au calcium, à la pectine, au cuivre…

• Autre point important : éviter de prendre du café (ou du thé) à jeun. En effet, pris à jeun, le café et le thé vont :

• provoquer la sécrétion d'**acide chlorhydrique**, pas terrible sur un estomac vide (problèmes de digestion, ballonnements) ;

• provoquer un **pic artificiel de cortisol**, l'hormone de l'éveil et de la stimulation, venant perturber son cycle naturel. Si l'on a tendance à être réveillé trop tôt le matin (sans raison particulière), peut-être est-ce dû à des prises de café trop tôt au réveil, ou même en cours de journée, en dehors des repas (ce qui peut là aussi perturber le cycle du cortisol) ;

• **déshydrater l'organisme** (car thé et café sont des diurétiques), alors même qu'il l'est déjà beaucoup après la nuit.

LE PETIT DÉJEUNER IDÉAL

Un petit déjeuner idéal comprend impérativement :

• des **sucres complexes** (du pain, mais pourquoi pas, des pâtes ou du riz, idéalement complets et bio), qui vont **mettre un certain temps à passer dans l'organisme**, donc vont l'alimenter en « carburant » pendant toute la matinée ;

• des **graisses**, nécessaires pour l'organisme, notamment pour le cerveau ; elles vont également éviter les fringales d'avant midi : du **beurre**, tout simplement, sur les tartines (ou dans le riz ou les pâtes), du **fromage**, des œufs, ou encore des

oléagineux (amandes, noix, noix de cajou, noix du Brésil) ou des **huiles végétales** riches en oméga 3 (huiles de lin, de noix, de colza).

Utiles, sans être totalement indispensables :

• des **céréales non sucrées** ou **peu sucrées** (müesli ou flocons d'avoine, agrémentés de fruits secs, de cacao ou de quelques pépites de chocolat). On peut aussi ajouter une cuillerée à soupe de graines de lin broyées pour les oméga 3 de temps en temps, surtout si on ne mange pas beaucoup de poisson par ailleurs. Attention néanmoins à ne pas abuser des graines de lin, car elles contiennent un peu de cyanure (protection naturelle contre les insectes).

• des **protéines** : **viande** (jambon, bacon ou autre, en petites quantités), poisson, fromage ou, le mieux, des œufs. Les œufs sont conseillés, car non seulement ils contiennent des acides gras indispensables à notre organisme et des vitamines, mais aussi ils **stimulent l'éveil et l'activité cérébrale** grâce à une protéine présente dans le blanc d'œuf qui favorise la production d'**orexine** (hormone liée à l'éveil et à l'activité). De même, toutes ces protéines contiennent de la tyrosine, précurseur de la dopamine, qui aide à être pleinement réveillé et prévient le fameux coup de pompe de 11 heures.

• des **légumes** ou/et des **fruits** : ils apportent des fibres et des vitamines.

Ainsi, tous ces aliments sont bien appropriés au petit déjeuner :

• Tartine de beurre
• Omelette ou œuf à la coque
• Müesli pas trop sucré
• Jambon, viande, poisson (comme en Asie)
• Pâtes ou riz (là aussi, comme en Asie)
• Une boisson chaude de type café, thé ou infusion (prise pendant le petit déjeuner et non avant)

À LIMITER AU PETIT DÉJEUNER

Essentiellement les **sucres simples** :

• Les **jus de fruits industriels** qui vont provoquer un pic de sucre, et donc une fringale. Préférer des jus faits maison ou des smoothies fruits + légumes, pas trop sucrés.

• Les **céréales industrielles trop sucrées**, pour les mêmes raisons (pic de sucre et trop peu de nutriments). On peut à la rigueur opter pour un mélange de céréales sucrées et non sucrées (en ajoutant des flocons d'avoine à ses céréales habituelles, par exemple).

• Les **biscuits**, pâtisseries, petits gâteaux et autres **aliments sucrés**.

Le sucre et les aliments à indice glycémique élevé donnent faim ! Une expérience menée en 2003 dans l'Utah[1] a montré que des enfants qui consommaient des aliments à IG élevé ingéraient, au repas suivant, 53 % de calories en plus que ceux qui consommaient des aliments à IG bas !

Les fruits frais sont parfaitement adaptés au petit déjeuner, mais il est préférable de les prendre **en début de petit déjeuner** plutôt qu'à la fin, pour éviter les ballonnements et ne pas perturber la digestion.

L'EN-CAS

Normalement, avec une alimentation équilibrée, on n'a **pas besoin de manger entre les repas**. Mais on sait que cet équilibre n'est pas toujours possible au quotidien (restaurant, cantine, repas pris entre deux réunions…), alors il faut anticiper les petites faims.

La recette est simple : **de (bonnes) graisses**, qui vont éviter d'avoir à nouveau faim trop vite et **pas ou peu de sucres**, qui solliciteraient trop l'organisme et feraient faire les montagnes russes au sucre dans le sang.

L'EN-CAS IDÉAL

• Soit un fruit (**fruit frais** de préférence, ou des **fruits secs**),

• soit des **oléagineux** (amandes, noix, noix de cajou, noisettes, noix de macadamia…),

• soit **les deux**.

Et avec **de l'eau uniquement**.

Cela peut être un peu compliqué à imposer à des enfants qui ont l'habitude des biscuits, tartines ou pâtisseries au goûter… Alors, on peut **mélanger**, mais ne pas oublier de toujours **commencer par le fruit** et non par les biscuits ou le pain (pain blanc = sucre), car les fibres des fruits vont ralentir le passage dans le sang des sucres qui vont suivre. De plus, si un enfant a faim, il acceptera plus facilement quelque chose de moins attractif, alors que s'il commence par des biscuits, il risque de refuser le fruit après.

On peut également prévoir une **compote**. Si c'est une compote industrielle (pratique en petite gourde), la choisir **sans sucres ajoutés**, et bio de préférence. Mais garder en tête qu'une compote, aussi saine soit-elle, ne sera **jamais aussi riche en nutriments, fibres et vitamines qu'un fruit frais**.

De la même manière, un **carré de chocolat noir avec du pain** sera plus sain qu'un pain au chocolat !

Une **tartine de beurre** (avec du bon pain) est aussi une bonne option si on prend le goûter à la maison !

LES ALIMENTS À ÉVITER

Les **confitures**, **pâtes à tartiner** et autres préparations ultra-sucrées sont à éviter autant que possible. Tout comme les **barres chocolatées** qui sont bourrées de sucre et n'apportent pas grand-chose d'intéressant d'un point de vue nutritionnel.

> **EN PRATIQUE**
> Une bonne astuce est de prévoir **un carré de chocolat à 70 % de cacao minimum** : c'est suffisamment bon pour satisfaire la gourmandise et il y a relativement peu de sucre.

Côté **biscuits**, mieux vaut les limiter (ne pas sortir le paquet mais juste un biscuit) et préférer les moins sucrés, avec le moins d'additifs possible.

Quant aux **bonbons**, ce n'est **pas une option pour le goûter**. Les bonbons et autres friandises doivent rester exceptionnels et liés à certaines occasions (anniversaire, fête, Noël…). Il en va du bien-être des petits et des grands. Les bonbons doivent **encore moins constituer une récompense**. Cela risquerait de créer un « circuit pavlovien » : l'association d'une « bonne action » à une récompense sucrée, poussant à se réconforter avec le même type d'aliment sucré lorsqu'on traverse un moment difficile ou un stress – un mauvais réflexe que l'on risque de traîner ensuite toute sa vie.

Globalement, il est conseillé d'éviter le grignotage, qui fait travailler le système digestif sans interruption, ce qui n'est pas très sain !

Le déjeuner

Comment éviter la somnolence après le déjeuner ?

Pourquoi a-t-on **sommeil après le repas de midi** ? L'organisme mobilise son énergie autour de la digestion et envoie plus de sang dans la zone estomac + intestins, ce qui peut conduire à une somnolence dite « postprandiale ». Mais cette somnolence n'est **pas systématique**, en tout cas pas aussi forte d'un jour à l'autre. Pourquoi ?

Déjà, la somnolence de début d'après-midi n'est pas uniquement liée au repas. Il peut s'agir du signe d'un déficit de sommeil (nuit trop courte). Cela correspond aussi à un cycle naturel de notre horloge circadienne, qui nous fait « piquer du nez » entre 14 et 15 heures.

EN PRATIQUE

Une **microsieste** ferait gagner jusqu'à 35 % en productivité (selon une étude de la NASA). Quelques minutes suffisent, **la sieste ne doit pas dépasser 20 minutes**, sinon on risque d'entrer dans un cycle de sommeil profond, ce qui rendrait le réveil compliqué.

❧ DIMINUER LES SUCRES SIMPLES

Plus un repas sera **chargé en sucres simples** (aliments sucrés, sodas et jus de fruits) et en aliments à **index glycémique élevé** (pain, pommes de terre, pâtes, riz blanc…), plus on aura **tendance à somnoler**, du fait de deux phénomènes consécutifs :

• d'abord, la **baisse de l'orexine**, une hormone liée à l'éveil, qui chute dès lors qu'un taux élevé de sucre est détecté dans le sang ;

• puis **une hypoglycémie**, réaction de l'organisme au pic de sucre détecté, qui va le faire baisser en dessous du niveau normal grâce à l'insuline et provoquer une sensation de baisse d'énergie.

EN PRATIQUE

Évitez en particulier de **vous jeter sur le pain** en début de repas ! Préférez un grand verre d'eau qui va calmer la sensation de faim, hydrater et préparer l'organisme à la digestion.

🌱 Éviter l'alcool

L'alcool a un effet **sédatif**, il diminue l'attention et la concentration de manière durable (plusieurs heures). Il est donc vraiment à éviter si l'on souhaite être en état de travailler l'après-midi.

🌱 Faire un peu d'exercice après le repas !

Il n'est pas question ici de passer 1 heure en salle de sport ! **10 à 15 minutes de marche**, par exemple, ou **quelques mouvements de gymnastique**, vont oxygéner le cerveau et favoriser la circulation du sang.

Le déjeuner idéal

Il dépend de chacun, de ses besoins, de son activité (sédentaire ou physique), de son métabolisme…

- Les aliments indispensables : les **légumes cuits**. Fibres, vitamines, minéraux, le repas du midi est le moment parfait pour faire le plein de légumes. Les légumes doivent constituer **la proportion la plus importante du repas**.
- Deuxième catégorie d'aliments intéressante : **viande, poisson, œufs**, ou à défaut **légumineuses** (lentilles, pois chiches, haricots…) associées à des **céréales complètes** (riz, blé, pâtes, pain complet ou galette de céréales). Le débat n'est pas tranché sur le fait que le couple céréales + légumineuses remplace vraiment les protéines animales (la bioassimilabilité ne serait pas la même…).

> **À RETENIR**
>
> Attention : il est conseillé de **limiter la consommation de viande à 70 g par jour** (hors volailles)[2].

- Autre type d'aliments très utile à intégrer : les **crudités**, si possible en début de repas, qui vont apporter des enzymes, très utiles pour digérer la suite. À défaut, un peu de salade – à manger en premier accompagnement – fournira ces fameuses enzymes.

• On peut aussi y associer des **féculents** : pommes de terre, riz, semoule, pâtes… Ils vont apporter des glucides qui peuvent être utiles si on a des efforts physiques à fournir dans l'après-midi. Mais cela ne doit pas être la principale composante du repas (comme c'est souvent le cas aujourd'hui), car la variété des nutriments est alors limitée et l'index glycémique est très élevé.

• Le **dessert** : il n'est pas indispensable. D'ailleurs, on constate qu'il n'y a pas de dessert à proprement parler dans les cuisines traditionnelles du monde entier, les aliments sucrés étant soit des en-cas, soit associés à des événements festifs exceptionnels. Si l'on veut finir avec une touche sucrée, on peut prendre un dessert simple comme une compote (sans sucres ajoutés) ou un yaourt. Toutefois, si l'on y tient vraiment, **c'est le bon moment de la journée pour prendre une (petite) pâtisserie ou un dessert sucré**. En effet, le taux de sucre dans le sang montera moins vite, son assimilation sera ralentie par le reste du repas. Évidemment, mieux vaut éviter le baba au rhum ou la religieuse au chocolat tous les midis !

Les fruits frais sont toujours un choix intéressant, mais idéalement, il faudrait les consommer plutôt en début de repas ou entre les repas. En effet, ils sont digérés plus vite que les autres aliments, mais restent bloqués derrière le reste du repas et peuvent donc fermenter et causer des troubles digestifs (ballonnements et autres). Cela dit, c'est toujours mieux qu'une crème glacée…

EN PRATIQUE

Préférez **entrée (crudités) + plat** plutôt que plat + dessert.

LE DÎNER

QUI VEUT BIEN DORMIR DÎNE TÔT

Le dîner est en effet un repas que l'on doit prendre **au plus tôt** pour faciliter le **repos nocturne**.

L'idéal est de dîner en début de soirée, vers **19 heures** (ça ne va pas être facile pour tout le monde, surtout pour ceux qui travaillent tard !). Si on a des enfants, cela permet de manger avec eux, ce qui est toujours une bonne idée, l'occasion pour la famille de se retrouver au complet pour discuter (pour peu qu'on évite d'allumer la télé !).

Dîner tôt **laisse le temps à la digestion de se faire** avant d'aller se coucher. Ainsi, l'endormissement ne sera perturbé ni par la digestion elle-même, ni par l'élévation de température qu'elle entraîne (on s'endort mieux lorsque la température du corps est plus faible, d'où le sage conseil de dormir dans une pièce peu chauffée).

UN DÎNER DE MENDIANT

« Petit déjeuner de roi, déjeuner de prince, dîner de mendiant. » Ce vieux dicton a du sens ! On dit souvent que le dîner doit être **le repas le moins copieux de la journée**, car un dîner léger permet une digestion plus rapide, et donc un coucher pas trop tardif.

Autre avantage : absorber **peu de calories le soir** permet d'éviter un stockage sous forme de graisses. En effet, lorsque l'on dort, les besoins en énergie de l'organisme diminuent fortement et le corps s'emploie donc à **stocker** toute l'énergie provenant de la digestion du dîner dans les cellules graisseuses. C'est aussi pour cela qu'avec un repas copieux, et surtout gras,

COMPOSER SES REPAS

il faut éviter les desserts et les boissons sucrées ! Comme on l'a déjà expliqué au chapitre 1 (p. 68), les sucres simples (aliments sucrés) vont « ouvrir » les cellules (via l'insuline) pour y stoker des calories sous forme de graisses. Si le reste du repas était gras, cela augmente les quantités stockées et c'est donc le meilleur moyen de prendre du poids…

C'est aussi vrai pour l'alcool, qui contient beaucoup de calories qui vont être stockées pendant la nuit, en plus du fait que l'alcool a un rôle perturbateur pour le sommeil.

Éviter autant que possible la consommation de viande le soir, car elle **ralentit la digestion** (les viandes font partie des aliments les plus longs à digérer) et demande des efforts plus longs à l'organisme là où il devrait être au repos pendant une bonne partie de la nuit. En particulier, les protéines de la viande rouge sont riches en tyrosine, précurseur de la dopamine, qui favorise l'éveil (déconseillé donc, sauf si on a prévu de travailler tard le soir !).

En revanche, il ne faut pas faire l'impasse sur les **protéines animales lors du dîner** (œufs, yaourt, fromage…) car, la nuit, l'organisme se « répare » et a besoin pour cela de tous les acides animés. C'est d'autant plus vrai pour les enfants qui grandissent pendant la nuit (surtout entre 2 heures et 4 heures du matin).

Par ailleurs, un dîner riche en **tryptophanes** aide à maintenir le sommeil et à éviter des réveils précoces. Les tryptophanes sont des acides aminés qui favorisent la sécrétion de **sérotonine** et de **mélatonine**, deux hormones indispensables à un bon endormissement et à un sommeil de qualité. Or ces tryptophanes se trouvent principalement dans les **produits animaux** ! Mais on vient de voir qu'il ne fallait pas abuser des viandes… Alors que reste-t-il ? Le **poisson**, les œufs et les **produits laitiers** (fromages, yaourts), en veillant à ne pas choisir des produits trop gras, les graisses rendant la digestion plus compliquée et plus longue.

LE DÎNER IDÉAL

Voici, par étapes, du plus important au superflu, le dîner idéal :

• Un plat principal : ce peut être une **assiette de légumes cuits**, de **pâtes** avec une **sauce** agréable, une **omelette** (nature, au fromage, aux légumes, aux herbes…), une part de **quiche** ou de **tarte salée** accompagnée de **légumes** ou de **crudités**, un **plat mijoté** type **curry** ou autre, un **poisson** avec des **légumes** et quelques **féculents** (qui vont aider à l'assimilation des tryptophanes du poisson), ou encore une **soupe** de légumes de saison, qui pourra être plus ou moins liquide et même contenir des morceaux de légumes, en fonction de votre appétit.

En été, on peut se régaler d'une bonne **salade de crudités**. Mais attention, s'ils apportent des enzymes utiles à la digestion de tout le repas, les produits crus demandent à l'organisme **plus d'efforts pour être digérés** que les produits cuits (c'est d'ailleurs en partie pour cela qu'on a inventé la cuisson !).

Le **fromage** peut faire partie de votre plat (dans une salade, par exemple) car il apporte les fameux tryptophanes utiles au sommeil, mais préférez un fromage pas trop gras.

• Si l'on a vraiment faim, prévoir une entrée : ce peut être une **soupe** en hiver, qui va avoir l'avantage **d'hydrater** l'organisme et de bien préparer l'estomac pour la digestion, ou encore des **crudités** en été.

• Si l'on a toujours faim après l'entrée et le plat, on peut prendre un **dessert léger**, sous la forme de **fruits cuits** (compote), d'un **yaourt** ou autre dessert lacté, mais attention à **ne pas trop manger d'aliments sucrés**, pour les raisons déjà évoquées.

• Une **boisson chaude en fin de repas** est une bonne idée. Dans l'idéal, une tisane digestive (menthe, fenouil, basilic, anis, badiane, sarriette, mélisse, gingembre) ou favorisant le sommeil (fleur d'oranger, valériane, passiflore, camomille, tilleul, angélique, verveine). Après des repas très chargés en graisses,

COMPOSER SES REPAS

sucres et alcools, certains extraits végétaux (élixir du Suédois, extraits de radis noir) peuvent aider le repas à ne pas se faire sentir toute la nuit.

À RETENIR

Il est intéressant d'avoir en tête les temps de digestion des principaux aliments : moins d'**1 heure** pour les **fruits** ; un peu moins de **2 heures** pour les **légumes et légumineuses** prennent, **3 à 4 heures** pour les **viandes** et les **poissons**, jusqu'à **8 heures** pour les **fruits de mer**. Mais tout cela peut changer en fonction de la **quantité** et de la **variété** des aliments absorbés, ainsi que de ce qu'on a bu en même temps.

DÉJOUER LES PIÈGES

COMMENT RENDRE PLUS SAIN LE GOÛTER D'UN ENFANT ?

Le goûter est un moment sensible pour un enfant, car c'est un moment où il va associer le plaisir à différents aliments, plus ou moins sains... et potentiellement mettre en péril le moment du dîner, qui est capital.

Une des clés, si un enfant a pris de mauvaises habitudes, est de faire évoluer son goûter progressivement vers un goûter «meilleur», tout en restant synonyme de plaisir…

• Les aliments à «sortir» du goûter : bonbons, barres chocolatées, pâte à tartiner, viennoiseries, biscuits à forte teneur en sucre et contenant de additifs et des huiles végétales, boissons avec sucre ajouté ou sirops, compotes avec sucres ajoutés.

• Les aliments «déjà mieux» : chocolat au lait et/ou aux noisettes, tartines (beurre ou confiture, pas les deux !), biscuits à teneur en sucre plus faible (et sans additifs ni huiles végétales !), jus de fruits frais ou à la rigueur 100% pur jus sans sucre ajouté, compote sans sucres ajoutés.

• Les aliments «top» pour le goûter : chocolat noir, tartines de beurre avec du pain complet Bio, fruits secs et oléagineux (amandes, noisettes, graines de courge ou de tournesol…), eau (eh oui !), fruits frais Bio (pour le goûter, privilégier les plus pratiques : bananes, agrumes, pommes).

COMMENT NE PAS SE FAIRE ENGLOUTIR PAR LE BUFFET ?

Dans certains contextes (restaurant, séjour à l'hôtel), on se retrouve face à un buffet gargantuesque où l'on a du mal à choisir et où l'on est tenté de tout goûter.

Si le buffet a des avantages en termes de quantité (on ne mange que ce que l'on veut, dans les volumes que l'on souhaite, on peut goûter et en reprendre si ça nous plaît…) et de variété (on peut manger un peu de tout), il a un inconvénient majeur en termes de digestion : **la nature très variée des aliments rend très complexe leur digestion,** car l'organisme doit sécréter toutes sortes d'enzymes et de sucs digestifs, certains acides, d'autres moins. Résultat : **la digestion va être longue et risque d'être** ponctuée de problèmes (reflux acides, gaz, ballonnements…). Voici une stratégie simple :

• Commencer par **une assiette d'entrées** – pas trop garnie – avec uniquement des **crudités**, voire des **légumes** (pas du riz ou des patates, hein, des vrais légumes !).

• Une fois cette assiette terminée, passer à un **plat chaud**, si possible un seul (une viande, un légume, voire un féculent si l'on a envie). **Éviter de multiplier les viandes**, qui seront d'autant plus compliquées à digérer qu'elles seront nombreuses.

• Et surtout, chose la plus importante, **PRENDRE SON TEMPS !** Le risque du buffet est de tomber dans le piège de la profusion et de se servir des montagnes de tout, puis d'y revenir de manière quasi compulsive, sans laisser le temps à l'organisme d'atteindre la satiété. Il faut donc attendre un peu après la première assiette. Et penser à **mâcher au minimum 20 fois chaque bouchée**.

• Enfin, ne pas céder à l'appel du buffet des desserts. En choisir un, deux au maximum, mais ne surtout pas faire de prélèvement systématique des dix-huit desserts proposés, sinon c'est la panique assurée dans l'estomac !

COMMENT RÉSISTER AU PILLAGE DU FRIGO ?

On la connaît bien, cette envie irrépressible d'ouvrir le réfrigérateur en rentrant chez soi et de se jeter sur le premier morceau de fromage venu, de se faire des tartines de beurre, de dévorer un demi-saucisson ou une boîte entière de pâté… Comme dîner équilibré, on a vu mieux !

Alors, pour éviter cela, il faut anticiper un peu :

• Prévoir un **en-cas** environ **2 heures avant le dîner** pour ne pas être affamé.

• Avoir des **choses « saines » toutes prêtes** dans le frigo : par exemple, carottes, concombres ou radis à grignoter…

• Anticiper et avoir un **plat prêt à réchauffer** (légumes cuits, plat complet), cuisiné la veille et stocké dans une boîte hermétique ou – encore mieux – cuisiné en grande quantité et congelé en portions individuelles (ne pas oublier l'étiquette pour s'y retrouver). Ainsi, on dispose d'une variété de « plats cuisinés » faits maison, sains et sans additifs !

Et si vraiment on est affamé et qu'on ne peut attendre que le repas soit cuit, un **fruit frais** est aussi une bonne solution, ou une compote sans sucres ajoutés.

Comment résister à l'appel de l'apéro ?

Un petit verre de temps en temps ne fait pas de mal. Il faut juste éviter que cela devienne un rituel quotidien. On considère que boire de l'alcool deux à trois fois par semaine constitue un maximum. En effet, non seulement l'alcool est une **source calorique très importante**, mais aussi il **fatigue le foie** et peut **nuire à la flore intestinale** (et c'est encore pire si elle est déjà endommagée). Autre impact : si l'alcool favorise souvent l'endormissement, il **nuit à la qualité du sommeil** et le rend beaucoup moins réparateur, car il provoque des microréveils dont on n'a pas forcément conscience et on se réveille alors fatigué.

Or l'alcool est souvent associé à un moment de détente conviviale entre le retour du travail et le dîner. Mais ce moment peut être conservé avec d'autres ingrédients ! Un **jus de fruits fraîchement pressé** sera **toujours mieux qu'un verre d'alcool** pour une consommation quotidienne. On peut y associer quelques petites bouchées apéritives (essentiellement des crudités, hein, pas que des gâteaux apéro hypersalés !).

EN PRATIQUE

Si vous ne pouvez résister au petit verre de blanc ou de rosé pour l'apéro, ne le cumulez pas avec un verre de vin pendant le repas ou un digestif.

Bien gérer les occasions

En pique-nique

Le propre des plats d'un pique-nique, c'est qu'ils soient faciles à transporter. Alors, bien sûr, on a tous en tête les chips, les salades, la viande froide… Mais ce qui est agréable dans un pique-nique, c'est de surprendre les convives avec des choses sympas à partager.

Quelques exemples :

• une salade qui change : pousses d'épinards, pourpier, mais aussi salade de pâtes, salade de pommes de terre, taboulé libanais, en fonction de la saison (taboulé s'il fait chaud, salade de pâtes s'il fait plus frais) ;

• des planches de charcuterie ou de fromage, ça passe toujours bien ! Au passage, oublions le vieux cliché sur le vin rouge avec le fromage : le vin blanc est plus adapté dans 90 % des cas… ;

• des cakes, mais transformés en mini-cakes : tout simples et tout mignons ; même chose avec des mini-muffins ou mini-gâteaux au lieu des gros gâteaux qui font un peu peur en fin de repas, surtout par grande chaleur !

• des fruits qui se transportent bien (bananes, pommes, abricots, cerises…).

Dans l'avion…

Vous connaissez peut-être la vieille blague des passagers d'un avion accidenté, bloqués en attendant les secours qui, pour échapper à la famine, sont obligés de manger… les aliments des plateaux-repas !

D'abord, il faut savoir que si la nourriture des avions n'est pas terrible, **ce n'est pas uniquement de la faute du chef**… En altitude, différents phénomènes viennent perturber nos perceptions. Ainsi, l'humidité est très basse (10 à 20 %, l'équivalent d'un désert), ce qui diminue de 20 à 30 % notre sensibilité au goût.

Par ailleurs, en vol, la pression est moins forte. Elle équivaut à une pression sur terre entre 2 000 et 2 400 mètres d'altitude. Cette dépressurisation fait gonfler nos muqueuses nasales, perturbant l'odorat, et donc le goût des aliments. Même le bruit de fond venant des moteurs brouille nos perceptions et réduit l'intensité de notre perception du sucre et du sel…

Seule la « cinquième saveur » (l'umami) n'est pas trop perturbée par ces conditions. C'est pourquoi il est plutôt conseillé de choisir les aliments où l'on retrouve cette saveur : fromage, viande, poisson, épices, plats à base de sauce soja ou de pâte miso (oui, pas si courant dans un avion).

Mieux vaut éviter l'**alcool**, car il déshydrate, rend la digestion difficile et perturbe encore plus nos sens, déjà désorientés. Et puis, ça fait beaucoup de calories ! Mieux vaut garder de la place pour goûter des choses plus originales à l'arrivée ! D'autant que **le vin ne sort pas grandi de la dégustation en vol** : là où il est perçu comme frais et fruité au sol, il devient souvent plus acide et plus amer en altitude.

COMPOSER SES REPAS

🔧 **EN PRATIQUE**

Si vous voulez pleinement profiter de votre repas, mangez avant de prendre l'avion. De plus, la digestion favorisera votre endormissement si vous êtes en vol de nuit… Dans tous les cas, essayez au maximum de **manger léger** et de **boire beaucoup d'eau** car l'air pressurisé déshydrate.

Et, en cas de décalage horaire, n'oubliez pas de synchroniser votre montre et/ou votre téléphone sur l'heure du pays d'arrivée. Cela n'a rien d'alimentaire mais c'est efficace pour s'adapter plus vite !

Dans le train, le bus...

Comme pour l'avion, la climatisation des transports en commun a tendance à dessécher. Certains kinés et ostéopathes parlent également des microvibrations qui accentueraient ce phénomène… Quoi qu'il en soit, il est important de **boire beaucoup d'eau**. Quant aux repas, une bonne **salade** est souvent la meilleure solution, ou à défaut un **sandwich** réalisé avec un pain de bonne qualité.

Au fast-food...

Le fast-food n'est pas recommandé pour de nombreuses raisons. Au-delà de la qualité souvent médiocre des ingrédients et du merchandising éhonté qui vise les enfants à travers les personnages de dessins animés et les gadgets en plastique, il y a le **problème de l'équilibre du repas**, qui est souvent une catastrophe…
Mais comme on ne peut pas dire non tout le temps. Pour limiter les dégâts, on peut au moins éviter la boisson sucrée et la glace en fin de repas. OK pour le burger et pour les frites qui vont avec (sinon le fast-food perd un peu de son intérêt), mais l'indice glycémique de ces aliments est déjà assez stratosphérique pour ne pas en rajouter avec un soda bien sucré et une crème glacée qui l'est tout autant.

EN RÉSUMÉ

• **Le petit déjeuner** ne doit pas être trop copieux ou trop chargé en sucres simples, mais pas non plus trop peu consistant. Il comprend impérativement des glucides complexes et des graisses.

• **L'en-cas** peut être un fruit ou des oléagineux ; toutefois, avec une alimentation équilibrée, on ne ressent pas le besoin de manger entre les repas.

• **Le déjeuner** doit faire la part belle aux légumes, qui doivent constituer la proportion la plus importante. Pour être en forme après le repas, diminuer les sucres simples, éviter l'alcool et faire 10 à 15 minutes de marche.

• **Le dîner** doit être pris au plus tôt pour faciliter le repos nocturne, il doit être le repas le moins copieux de la journée.

CHAPiTRE **4**

Faire ses courses

Comment s'y retrouver face à une offre alimentaire gigantesque ? Et faut-il nécessairement acheter des produits bio ? Que ce soit en supermarché, hypermarché, en ligne, sur le marché, chez le producteur… ce chapitre vous aidera à choisir les meilleurs produits pour votre santé.

Faut-il acheter des produits bio ?

Le bio, qu'est-ce que c'est ?

On entend beaucoup de choses sur le bio. Les produits bio correspondent à un engagement de **respect des sols, des écosystèmes et des personnes**.

Les labels du bio

Label AB et label européen d'agriculture biologique : depuis 2009, ils correspondent au même cahier des charges, ce qui a mis en colère certains défenseurs d'un cahier des charges plus restrictif, d'où la montée en puissance d'autres labels plus exigeants…

Bio Cohérence : Marque de filière certifiée qui dispose d'un cahier des charges conçu avec le niveau d'exigence de l'ancien cahier des charges AB français et qui ajoute des contraintes supplémentaires au label AB/européen. Mesures de précaution renforcées pour éviter les contaminations OGM. Interdiction de mélanger les productions bio et non bio. Les traitements vétérinaires allopathiques (utilisant des médicaments et non des substances d'origine naturelle) autorisés sont plus restreints. Lien au sol renforcé pour les élevages et mesures actées en faveur du bien-être animal.

Demeter : c'est le label de l'agriculture biodynamique. Encore plus contraignant, il ajoute au label AB/

européen l'interdiction des OGM et des produits de synthèse, l'usage de produits réalisés sur place, ainsi que l'autosuffisance pour l'alimentation des animaux.

Nature & Progrès : il se veut plus complet que le label AB/européen, car il prend également en compte des aspects sociaux, économiques et environnementaux. Il exclut toute présence d'OGM, 50 % de l'alimentation des animaux doit être produite sur place. L'exploitation agricole doit être 100 % bio et située à plus de 500 mètres d'une exploitation considérée comme polluante et des grands axes routiers.

🌱 Ce que le label AB garantit

En France, le label **Agriculture biologique**, créé en 1985, définit des règles strictes de production[1]. Depuis, il a progressivement été remplacé par le règlement européen sur l'agriculture biologique, moins contraignant. C'est ce qui a conduit certains producteurs à adopter le label **Bio Cohérence**, plus exigeant. Côté végétaux, il garantit des **semences biologiques non issues d'OGM**, l'absence de **nanoparticules** et **la forte limitation de produits chimiques de synthèse comme engrais ou pesticides**.

La fertilité des sols et la protection contre les maladies se font grâce à un choix réfléchi et adapté des variétés cultivées, une rotation et une association des variétés entre elles (le basilic, par exemple, éloigne les insectes des plants de tomates), un travail approprié du sol et l'utilisation de matières naturelles (notamment le compost). Quant aux animaux d'élevage, ils doivent être **nés sur place** ou provenir d'**exploitations certifiées biologiques**, bénéficier de **conditions de vie spécifiques** (pas d'élevage hors-sol, par exemple). Les jeunes mammifères doivent être nourris au lait. L'usage de médicaments est très encadré : on donne la priorité aux **méthodes naturelles** de soin.

Le tout est contrôlé de manière inopinée par des organismes agréés qui délivrent chaque année un certificat autorisant l'usage du label « Agriculture biologique ».

Pour les produits importés, la **réglementation européenne** s'applique… Mais, en pratique, il peut y avoir des fraudes… Les vérifications ne sont **pas systématiques** et la rigueur des certifications varie beaucoup en fonction des pays, même à l'intérieur de l'Union européenne. Quant aux produits provenant de pays hors UE, le respect des normes est encore plus aléatoire. Néanmoins, la demande en produits biologiques croît bien plus vite en France que l'offre, et l'importation reste souvent le seul recours pour s'approvisionner, en attendant que l'agriculture française évolue.

❧ CE QU'IL NE GARANTIT PAS…

Le label AB se concentre sur **l'absence de pesticides**, donc le goût et la qualité nutritionnelle des produits ne sont pas censés être concernés. En pratique, ils sont souvent impactés positivement. En effet, l'absence de pesticides préserve les sols, et les végétaux y puisent minéraux et nutriments, ce qui leur donne souvent **plus de goût**, mais également **plus de valeur nutritive**. De plus, la filière biologique privilégie les **variétés anciennes**, alors que les circuits de distribution classiques favorisent les **variétés hybrides**, conçues pour résister au transport et au temps, le goût et la teneur en nutriments passant au second plan. La filière vin, par exemple, est celle qui utilise le plus de pesticides en France, ce qui fait parfois remonter les racines des vignes à ras du sol. Les sols étant « morts » à cause des produits chimiques, les racines n'y trouvent plus de nutriments et vont les chercher à la surface, où il y a plus d'engrais chimiques. Résultat : les vins non biologiques tirent souvent beaucoup moins de caractéristiques organoleptiques du sol et il faut parfois ajouter des arômes au vin… Heureusement, le vin est le domaine où le bio connaît la plus forte croissance.

Quelles sont les différences avec l'agriculture raisonnée ?

L'**agriculture raisonnée** constitue une forme de compromis entre l'agriculture biologique et l'agriculture conventionnelle ; elle met l'accent sur la protection de l'environnement. Même si, techniquement, l'agriculture raisonnée **tolère l'usage de produits chimiques de synthèse**, notamment dans les cas où les méthodes biologiques et mécaniques de protection des cultures ne suffisent pas. L'usage d'**OGM** est également **autorisé**, alors que leur impact sur la santé humaine n'est pas encore clairement établi.

Que risque-t-on à consommer des pesticides ?

Le sujet reste controversé, car d'importants intérêts financiers sont en jeu… Mais des études menées principalement sur des animaux montrent qu'en dehors des intoxications aiguës (liées à des expositions fortes), les pesticides peuvent provoquer ou favoriser des **troubles neurologiques** (altérant la mémoire, la concentration, le comportement des enfants…), des **troubles respiratoires** (asthme ou bronchite), des **troubles de la reproduction** (qui se développent de manière alarmante depuis quelques décennies), ainsi que **d'autres maladies dites « modernes »** (leucémies, lymphomes, cancers)…

Le problème n'est pas dû à un seul pesticide – en général, les producteurs veillent à ne pas dépasser les doses prescrites –, mais au fameux « effet cocktail » lié à la **consommation conjuguée de nombreux pesticides**.

Et on parle ici uniquement d'**ingestion**, non de contamination par les airs, un fléau concernant ceux qui habitent ou travaillent à proximité d'exploitations agricoles. Ce sujet est encore plus préoccupant : les agriculteurs à la retraite contracteraient nettement plus de maladies affectant le cerveau[2]…

FAIRE SES COURSES

Les pesticides les plus dangereux sont aujourd'hui interdits en Europe, mais on peut encore en trouver dans les sols, car ils disparaissent très lentement. D'après ANSES, **les pesticides** infiltrés dans les sols et les nappes phréatiques mettent **jusqu'à 30 ans avant d'être éliminés naturellement**.

On en trouve dans les **produits importés depuis des pays qui les autorisent encore**, et qui passent entre les mailles du filet des vérifications.

EN PRATIQUE

La pomme fait partie des fruits les plus traités (plus de 20 traitements en moyenne). Lorsque vous consommez une pomme non biologique, veillez à bien retirer la partie autour de la tige, où se concentrent les pesticides.

Quant à la **contamination des cultures bio par les cultures voisines**, elle existe, mais seuls 2 % des échantillons bio analysés en France contenaient des traces de pesticides, sans que jamais les limites maximales en résidus ne soient dépassées[3]. Les produits bio semblent également contenir **moins de métaux lourds**, plus de **polyphénols** et plus d'**antioxydants** que les produits conventionnels[4].

EN SAVOIR PLUS

Nos enfants nous accuseront, Jean-Paul Jaud, documentaire J+B Séquences, 2008.

LE BIO EST-IL TOUJOURS PLUS CHER ?

Le prix dépend de nombreux facteurs. De la saison, évidemment : un produit de saison est forcément moins cher que celui qui est importé. Ensuite, du circuit : acheter **directement au producteur** ou via un **circuit court** (type La ruche qui dit oui ou AMAP : Association pour le maintien d'une agriculture paysanne) permet, en général, de limiter les surcoûts liés aux intermédiaires et de s'assurer que le **producteur** est **correctement rémunéré**.

Le prix du bio dépend aussi de la nature du produit : s'il est facile à cultiver en bio, l'écart de prix sera moins élevé avec le même produit en agriculture conventionnelle.

Mais le prix au kilo reste souvent un peu plus élevé du fait du peu de surfaces agricoles bio en France (guère plus de 3 %) et de la forte croissance de la demande. Néanmoins, on constate qu'en général les produits frais biologiques contiennent **plus de matière sèche que les autres**[5] (les autres affichent une proportion plus importante d'eau), ce qui relativise les choses : **on paie un peu plus cher, mais on paie moins pour de l'eau !**

En un demi-siècle, **la part du budget des foyers consacrée à l'alimentation est passée de 40 % à 15 %**... Est-ce normal ? Ne faudrait-il pas consacrer plus de moyens à ses achats alimentaires (et moins à son budget santé) ? Une des clés reste de **cuisiner**, évidemment, mais aussi d'être **plus exigeant** sur la **qualité** des produits que nous achetons.

Alors le bio pour tous, possible ? Bien sûr, d'ici quelques années... Mais c'est à chacun – en **privilégiant l'agriculture biologique lors de ses achats** – de faire progresser la demande, donc le nombre de surfaces cultivées dans le respect de la nature... et de notre santé !

De même, chacun peut faire pression pour **augmenter la part de bio dans les cantines** ! Il est utile d'en parler aux services concernés à la mairie.

QUELS SONT LES ALIMENTS À PRIVILÉGIER EN BIO ?

Il est également conseillé de préférer la **filière biologique** pour les **produits laitiers**, les œufs, la viande de **bœuf** (à cause des hormones et médicaments), la **charcuterie** (notamment pour le gras, qui concentre les produits chimiques).

Hors produits bio, les fruits et légumes les moins contaminés par les pesticides sont :
- Oignons, échalotes
- Avocats
- Maïs
- Ananas
- Mangues
- Asperges
- Petits pois
- Kiwis
- Choux
- Aubergines

Ils sont moins contaminés, mais contaminés quand même… Donc, hors circuit bio, il faut **bien les laver** et les éplucher avant de les préparer[6] !

EN RESUMÉ

Pourquoi manger bio ?

Le bio a-t-il meilleur au goût ? Pas forcément, mais le goût est, au minimum, équivalent… et souvent meilleur, car les variétés et pratiques de la filière bio renforcent la valeur nutritionnelle des produits plutôt que leur apparence et leur capacité à résister au transport et au temps.

Bien garder en tête qu'un produit cueilli pas encore mûr (pour diminuer le temps passé à le cultiver ou permettre de le transporter sur de grandes distances) ne sera pas très goûteux, qu'il soit bio ou non.

Le bio est-il meilleur pour la santé ? Oui, il ne subsiste guère de doutes sur ce sujet puisqu'on limite l'exposition à des substances chimiques indésirables. Mais on ne peut pas toujours tout acheter bio (moyens limités, produits bio non disponibles à proximité). Il faut donc privilégier le bio pour certains produits plus sensibles, bien éplucher les produits frais non bio… et lire les étiquettes des produits industriels !

Le bio est-il meilleur pour la planète ? Oui, sans conteste. La production de produits biologiques altère moins l'environnement que la production utilisant engrais et pesticides[7]. L'Institut français de l'environnement confirme l'intérêt de l'agriculture biologique… 96 % des rivières et 61 % des nappes d'eau souterraines sont contaminées…

Par ailleurs, l'allégation que l'agriculture conventionnelle est nécessaire pour « nourrir tout le monde » n'a pas lieu d'être. De nombreuses expériences ont prouvé qu'une exploitation biologique pouvait, après quelques années, être aussi productive, voire plus, qu'une exploitation utilisant des produits chimiques. Grâce, entre autres, aux cultures complémentaires : une variété protège l'autre et les sols ne s'épuisent pas.

Comment choisir ses produits frais ?

Le premier critère pour les produits frais, c'est bien entendu la **fraîcheur**. Le plus sûr est de demander au vendeur : si c'est le producteur, il vous dira de quand date la récolte. Si c'est – comme souvent – un revendeur, il saura vous dire si les produits sont frais, pour peu que vous ayez une relation de confiance.

> **À RETENIR**
>
> Une des clés d'une bonne alimentation : bien choisir et bien connaître ses marchands.

Ensuite, **faites confiance à vos sens** : les produits doivent être bien **fermes**, bien **colorés**, il ne doit pas y avoir d'éléments **pourris** ou **moisis** dans le lot. Et dans l'idéal, si vous êtes sur un marché, il faut **goûter** ! (Pas les courgettes ni les pommes de terre, évidemment…) Évitez toutefois de le faire en supermarché, ça ne serait guère apprécié…

Comment choisir les fruits et légumes ?

🌱 Choisir les bonnes variétés

La plupart des fruits et légumes que l'on trouve dans les rayons de nos grandes surfaces sont des **variétés dites « hybrides »** (dites aussi « F1 »), conçues par croisement de deux variétés aux propriétés intéressantes pour **maximiser** la **bonne conservation**, la **résistance au transport** ou encore la **couleur** du produit (plus rarement le goût et presque jamais la richesse en nutriments).

Premier problème : ces variétés hybrides ont avant tout été créées pour **ne pas s'abîmer lors du transport et du stockage** et ne sont guère intéressantes à la dégustation, sans parler des nutriments.

Deuxième problème : la récolte d'une variété hybride ne permet pas de récupérer des graines « hybrides », mais les graines des variétés « parents ». **L'agriculteur qui souhaite continuer à cultiver une variété hybride devient dépendant des semenciers**, ce qui va à l'encontre d'une démarche durable (un peu comme les variétés OGM utilisées outre-Atlantique, qui sont stériles et nécessitent que l'agriculteur achète chaque année la totalité des graines qu'il va planter).

En conclusion, pour avoir des fruits et légumes de qualité, aussi bien en termes de goût que d'intérêt nutritionnel, tout en encourageant une agriculture saine, il faut **privilégier les variétés anciennes**.

EN PRATIQUE

Par exemple, pour les **tomates** : la *rose de Berne*, d'un magnifique rouge rosé, la *rouge de Marmande*, pulpeuse et volumineuse, la *tomate ananas*, d'un beau jaune orangé, la *cornue des Andes*, en forme de corne, assez ferme et délicieuse pour les salades, la *valencia*, jaune comme un poivron jaune, la *noire de Crimée*, assez sucrée, même si un peu fragile, la *cœur-de-bœuf* (la vraie, en forme de cœur, pas la fausse toute cannelée en forme de pyramide qui est vraiment à proscrire), ou encore la *green zebra*, verte et zébrée, dont la couleur peut parfois tirer sur le jaune.

Et ne vous faites pas avoir par les tomates bien rondes, bien calibrées, que l'on trouve quasiment en toute saison (hérésie !). Méfiez-vous en particulier des **tomates grappe**, plus gros tour de passe-passe marketing de ces dernières années : **leur odeur vient uniquement de la tige !** À l'intérieur, elles sont souvent insipides.

🌱 CHOISIR DES PRODUITS DE SAISON

Après avoir été habitués à voir la plupart des fruits et légumes toute l'année sur les étals, on assiste depuis quelque temps à

FAIRE SES COURSES

un **retour de la saisonnalité**. On sait que les produits hors saison n'ont pas beaucoup de goût, qu'ils coûtent plus cher et qu'ils viennent de très loin, ce qui impacte leurs qualités nutritionnelles et, bien sûr, leur empreinte écologique.

Mais tout le monde n'a pas forcément en tête la vraie saisonnalité des produits, d'autant qu'elle dépend aussi des variétés ! Ainsi, **la saison de la tomate commence en juin**, pas avant, alors que celle de certaines variétés de fraises peut démarrer très tôt dans l'année, si les conditions climatiques sont favorables. Là encore, une **bonne relation avec le marchand** fait la différence.

🌱 Vérifier la provenance

L'idéal est de consommer des produits cultivés le plus près possible de chez soi. Ce n'est pas toujours simple, mais de plus en plus de solutions existent : La ruche qui dit oui et les AMAP permettent l'achat en **circuit court** (avec un intermédiaire maximum), et même les supermarchés et hypermarchés développent aujourd'hui des **filières locales**, pour répondre à la demande des consommateurs.

Et bien sûr, le fait de consommer des produits locaux va de pair avec le fait de consommer surtout des produits de saison ! Même si, pour certains produits exotiques, on n'a pas trop le choix… On n'arrive toujours pas à faire pousser des bananes en Bretagne ni des mangues en Franche-Comté.

🌱 VÉRIFIER LA MATURITÉ

Si, pour les légumes (sauf ceux qui sont en réalité des fruits, on en reparle plus bas…), les choses sont assez simples car leur apparence ne fera que se détériorer dans le temps une fois récoltés, les choses sont différentes pour les fruits.

Il y a **deux catégories de fruits**… Ceux qui **continuent à mûrir après récolte** (on dit qu'ils sont **climactériques**), car ils ne cessent de produire de l'éthylène, hormone végétale qui fait mûrir, et **ceux qui ne mûrissent plus une fois cueillis**. C'est une info à avoir en tête au moment d'acheter ses fruits !

Mon panier de fruits

FRUITS QUE L'ON PEUT ACHETER NON MÛRS

Car, souvent, les producteurs sont tentés de **cueillir leurs fruits avant maturité complète** de manière à augmenter le rendement : les fruits pourriront moins vite, mais **au détriment de leur goût** et de leur **taux de sucre**.

Il ne faut donc JAMAIS acheter de fruits non **climactériques** pas mûrs, car ils ne vont pas mûrir, mais… pourrir et moisir.

FRUITS QU'IL FAUT ACHETER DÉJÀ MÛRS

EN PRATIQUE

Un fruit climactérique va **mûrir d'autant plus vite qu'il est situé proche d'un fruit qui va dégager beaucoup d'éthylène**… Pour faire mûrir plus vite un fruit climactérique, placez-le à côté de pommes ou de bananes. Si vous ne disposez pas d'autres fruits, **enveloppez le fruit climactérique dans du papier journal** : cela retiendra l'éthylène et **accélérera son mûrissement**.

Comment choisir la viande ?

Le scandale de la **viande de cheval dans les lasagnes** en 2013 a marqué les esprits. Tromperies sur l'étiquetage, filières opaques… les consommateurs ont découvert avec horreur la notion de « minerai de viande », qui représente 15 à 20 % de la production de viande bovine en France. On définit le minerai comme une masse agglomérée (en général de 10 à 25 kg) de muscles et de chutes de viande produites lors de la découpe, y compris les tissus graisseux, provenant de viandes fraîches découpées et désossées, pouvant être réfrigérées, congelées ou surgelées. Le minerai est principalement utilisé dans les **préparations industrielles bas de gamme** de type mélange à base de steak haché ou plats préparés (boulettes, moussaka, lasagnes, raviolis, hachis Parmentier…).

❧ Les principaux critères de qualité d'une viande

• Le fait que les animaux soient élevés avec **le moins possible d'alimentation de type OGM** (hélas, très courante hors filière bio : les bovins consomment des tourteaux de soja provenant du Brésil) et **le moins d'antibiotiques possible**.

• La **variété** de l'animal : les variétés à privilégier pour la viande sont : charolaise, limousine, blonde d'Aquitaine, rouge des prés, salers, nivernaise, aubrac, gasconne, blanc-bleu, parthenaise, bazadaise, maine-anjou… Évitez les variétés de vaches à lait : hosltein, prim'holstein, bretonne pie noire, jersaise…

• Certaines variétés bénéficient d'une **appellation** (AOC, AOP ou IGP) ou d'un **Label Rouge**, signes de qualité à prendre en compte.

EN PRATIQUE

Si vous voulez de la qualité, c'est assez clair :

• 1re solution : **vous connaissez le producteur** et ses méthodes, c'est l'idéal.

• 2e solution : vous vous fiez aux **informations** présentes sur l'étal (marché ou boucher) ou sur l'étiquette (grande surface) et vous privilégiez **l'origine** (France, région) et les critères de qualité…

❦ Les labels

Les appellations (AOC, AOP ou IGP) garantissent l'origine de l'animal, sa variété et le respect d'un cahier des charges d'élevage très précis.

Le **label AB** et le **label biologique européen** garantissent que les animaux ont été nourris d'aliments biologiques à 95 % et avec peu ou pas d'OGM (la limite tolérée est de 0,9 %, mais de ce fait un éleveur n'a aucun intérêt à utiliser des OGM pour d'aussi petites quantités). Les animaux sont soignés par traitements naturels (phytothérapie ou autres), avec la tolérance en cas de problème grave de deux traitements par des médicaments de synthèse (antibiotiques ou antiparasitaires) par an maximum.

Le **Label Rouge** garantit le **respect d'un cahier des charges** en termes d'élevage (espace de vie, durée de vie, alimentation…) qui diffère selon chaque produit. Il est assez contraignant, ce qui en fait un vrai gage de qualité, pour certains produits (bœuf, œufs, volailles notamment) mais beaucoup moins contraignant, et donc beaucoup moins significatif en termes de qualité pour d'autres (notamment la viande de porc).

Les produits labellisés **Bleu-Blanc-Cœur** (viande et œufs principalement) garantissent que les animaux ont été nourris avec des aliments permettant la création d'acides gras polyinsaturés (les fameux oméga 3), principalement des graines de lin.

🌶 Une industrie qui s'améliore...

De nombreux industriels ont compris que la qualité de leurs produits passait par un **gros travail sur la filière**. Par exemple, un acteur français majeur – déjà auteur de la campagne #venezverifier autour de son surimi – investit énormément dans l'amélioration de la qualité de sa filière porcine, ce qui a un impact positif pour les producteurs comme pour les consommateurs. Les problèmes liés à la charcuterie concernent principalement la consommation de **nitrites**. On peut s'autoriser des quantités plus importantes si l'on choisit des produits sans nitrites, tels que certains jambons crus. On trouve aujourd'hui des jambons cuits sans nitrites et des salaisons sans nitrites, ce à quoi de nombreuses marques devraient rapidement se mettre, en tout cas on l'espère.

L'autre problème des charcuteries est la **quantité de sel**, à laquelle il faut faire attention si l'on y est sensible (tension élevée, problème cardio-vasculaire).

Comment choisir le poisson ?

🌶 Vérifier la fraîcheur

Un poisson frais a certaines caractéristiques : odeur iodée mais pas aigre, peau luisante, œil brillant et bombé, ouïes de couleur rouge vif ou rose (et non rouge foncé, voire brun), ses écailles ne doivent pas tomber toutes seules.

🌶 Savoir ce qu'on veut en faire

Pour un « **pavé** » facile à préparer, privilégier le cabillaud (le fameux « dos de cabillaud »), le saumon, le colin ou encore le maigre ou le saint-pierre.

À servir **entier**, un bar, une truite ou une dorade peuvent être parfaits, tout comme la sole (meunière ou farcie).

FAIRE SES COURSES

Côté **filets**, les poissons plats sont pratiques (sole, limande, turbot) ainsi que le bar ou le merlan. Le maquereau est très bon en filet, mais il a un goût plus marqué.

Tous les poissons peuvent se préparer crus (sashimi, ceviche ou autre marinade), mais il faut prendre quelques précautions… D'abord vérifier avec le poissonnier que le poisson a été congelé, le préparer dans les heures qui suivent son achat et le consommer tout de suite (un poisson cru n'attend jamais le lendemain). Si on ne sait pas s'il a été congelé ou si on souhaite le conserver plus longtemps, il faut le congeler en dessous de − 20 °C (ce qui permet d'éviter la présence de parasites) pendant quelques jours et le décongeler juste avant consommation. Et, bien entendu, le préparer avec des **mains propres**, le conserver dans des **récipients propres** et **bien fermés** pour éviter toute contamination (un poisson frais est le lieu de développement idéal pour les bactéries). Dans tous les cas, éviter le poisson cru pour les femmes enceintes, les jeunes enfants ou les personnes dont la santé est fragile.

🐟 D'ÉLEVAGE OU SAUVAGE ?

En termes de goût, le **poisson sauvage** est **plus parfumé**. Si le poisson d'élevage est souvent plus gras, il est moins riche en « bonnes » graisses (oméga 3) et plus riche en oméga 6 alors que nous avons déjà un rapport oméga 6/oméga 3 trop élevé. On diminue donc le principal bénéfice de la consommation de poisson avec le poisson d'élevage.

Les poissons d'élevage sont aussi largement « arrosés » d'**antibiotiques** et parfois nourris avec des aliments de source douteuse. C'est pourquoi il est fortement recommandé de choisir des **poissons d'élevage bio**, ce qui garantit une alimentation de qualité et un recours moindre aux antibiotiques (l'accent est mis sur la prévention avec notamment des probiotiques).

Évidemment, seul un poisson d'élevage peut être certifié bio !

Cependant, d'un point de vue écologique, l'élevage de poissons encourage la surpêche de petits poissons, qui servent à nourrir les plus gros. C'est aussi une source de pollution, à travers les excréments, résidus d'antibiotiques et autres traitements.

❦ CHOISIR UN POISSON QUI N'EST PAS EN DANGER

Si le rythme actuel de surpêche perdure, les océans seront quasiment vides en 2050 !

C'est d'autant plus compliqué que telle ou telle variété pourra être en danger **dans une région et pas dans une autre**… Par exemple, mieux vaut ne consommer que des dorades provenant de Méditerranée, ou des cabillauds d'Islande ou de Norvège (même chose pour la lotte). Quand on le peut, privilégier un poisson avec le label MSC (pêche durable).

Si l'on veut privilégier la filière de pêche française, il faut suivre le label « Pavillon France ».

> **EN PRATIQUE**
>
> Dans l'idéal, il faut chercher sur Internet une liste à jour proposée par le WWF ou d'autres associations indépendantes. En 2018, on recommande de consommer plutôt du bar (de ligne uniquement), de la barbue, de la dorade d'élevage, de l'églefin, du hareng, du maigre, du maquereau, du rouget, du saint-pierre, des sardines, et d'éviter la sole (qui est devenue rare et hors de prix), l'espadon, le congre, la lingue, la raie, le sabre, le turbot, le requin…

❦ QUEL EST LE MEILLEUR POISSON POUR LA SANTÉ ?

Les poissons **au sommet de la chaîne alimentaire** (requin, espadon, thon rouge) ne doivent être consommés que de

FAIRE SES COURSES

manière exceptionnelle, car ils contiennent des **taux élevés de métaux lourds** (mercure notamment), particulièrement nocifs pour les femmes enceintes.

D'autres peuvent être consommés plus souvent, comme le bar, le mérou, la morue, le mulet, mais surtout l'anchois et le hareng (tous les deux riches en oméga 3)… Toutefois, même pour un adulte en bonne santé, il est conseillé de ne pas en manger plus de deux fois par semaine.

Le maquereau et la sardine peuvent être consommés fréquemment, mais il faut éviter les conserves à l'**huile de tournesol**, trop riche en oméga 6, et préférer celles à l'huile de colza ou d'olive, ou mieux, au naturel.

Le flétan est également très bon pour la santé car riche en oméga 3, mais il est aujourd'hui en danger, notamment dans l'Atlantique.

❦ LE CAS DU SAUMON…

Le saumon est le poisson le plus consommé : facile à cuisiner, bon pour la santé avec ses oméga 3 et le sélénium qu'il contient… Mais lequel acheter ?

À éviter :

• Le saumon d'élevage industriel, en général gavé d'antibiotiques et d'OGM, dont le processus d'élevage est très polluant. Mais le saumon d'élevage biologique poserait aussi des problèmes, car 50 % de sa nourriture provient des produits de la mer, déjà très pollués… On peut donc se demander si le saumon d'élevage est encore une option…

• Le saumon sauvage de l'Atlantique nord, car en grand danger d'extinction.

À privilégier :

• La truite fumée, qui bénéficie de la qualité des eaux où elle est élevée et constitue un produit de grande qualité, avec de très bonnes filières en France.

• Les poissons arborant le label MSC, qui garantit une filière de pêche responsable.

Et pour le saumon fumé ?

• Le salage à sec respecte *a priori* mieux le poisson que l'injection de saumure (mais c'est plus cher).

• Le fumage traditionnel donne un produit bien meilleur qu'un fumage via l'arrosage avec une « solution fumée » (mais là encore, c'est plus cher).

EN PRATIQUE

Lorsque l'on consomme du saumon ou un poisson du haut de la chaîne alimentaire (thon, espadon…), il est conseillé de l'accompagner de **chlorelle** (ou *chlorella*), une microalgue aidant à évacuer les métaux lourds (c'est le processus dit de « chélation »). Cette microalgue est conseillée sous forme de cures de plusieurs semaines pour faire le ménage dans son organisme (on absorbe aussi des métaux lourds via l'air pollué, les « vieux » plombages dentaires, une robinetterie trop ancienne…).

Comment choisir les œufs ?

Sur chaque coquille d'œuf, on trouve une **série de caractères** commençant par un **chiffre**. Il est important de privilégier les numéros 0 et 1 :

• 0 = œuf bio, qui signifie que l'alimentation des poules est bio à 90 %, mais aussi que les poules ont accès à un espace en plein air pendant au moins le tiers de leurs journées.

• 1 = œuf de poule élevée en plein air, c'est-à-dire que les poules ont accès à l'extérieur de leur bâtiment et peuvent se balader en plein air.

Souvent, les modes d'élevage où les poules ont le moins d'espace entraînent des traitements préventifs aux antibiotiques pour éviter la transmission de maladies du fait de la promiscuité. Mieux vaut donc éviter d'acheter des œufs affichant les numéros 2 et 3 :

• 2 = œuf de poule élevée au sol, dans une volière (élevage en batterie).

• 3 = œuf de poule élevée en cage, avec un espace réduit (élevage en batterie).

Concernant les labels, Label Rouge garantit l'accès au plein air et une alimentation de qualité ; Bleu-Blanc-Cœur des œufs riches en oméga 3 grâce à une alimentation des poules à base de graines de lin ; Demeter, plus d'espace pour les poules et une alimentation 100 % bio. La mention « libre parcours » indique plus d'espace en plein air pour les poules que les œufs de « plein air ».

COMMENT CHOISIR LES FROMAGES ?

C'est avant tout une affaire de goût. Néanmoins, on retrouve les mêmes critères de choix que pour les autres produits d'origine animale :

• **La présence d'un label**

Un produit **biologique** atteste l'usage d'un lait biologique, l'alimentation des animaux qui l'ont produit et les types de matières utilisées pour sa fabrication.

Un produit **AOC/AOP/IGP** garantit des éléments qui varient selon les cas : en général, la **zone de production** du lait, la **race des animaux** producteurs, la **méthode de fabrication**, la **durée d'affinage**… Mais, attention, certaines appellations sont peu contraignantes, et au final les produits labellisés peu conformes au produit original historiquement parlant, alors renseignez-vous… et faites confiance à vos papilles !

• **Le type de traitement qu'il a reçu**

En fonction du type de lait, chauffé à plus ou moins haute température, avec lequel il est fabriqué. Se reporter au chapitre 2 (p. 57) pour les types de lait.

• Le **savoir-faire de l'affineur**. L'idéal étant d'avoir un fromager-affineur, qui saura vous conseiller et vous guider à travers les saisons.

• Son **goût**. Un bon fromager vous fera goûter ses produits. D'après certains scientifiques, les fromages au lait de vache seraient à éviter chez les hommes à partir de 50 ans, car ils augmenteraient le risque de cancer de la prostate. Comme vous l'imaginez, les querelles d'études et d'arguments font rage sur le sujet ! Les hommes qui ont une fragilité à ce niveau peuvent néanmoins privilégier les fromages de brebis ou de chèvre.

Sur la question du **fromage au lait cru**, se reporter au chapitre 2 (p. 56).

Enfin, concernant le choix entre bio et non-bio, il faut savoir que **près de la moitié des animaux d'élevage** français consomment des OGM. Sans qu'il en soit mention sur les emballages ! Et le sujet des **antibiotiques** n'est pas anodin non plus… Le bio ne donne malheureusement pas toutes les garanties (le label bio européen autorise de petites quantités d'OGM dans l'alimentation des animaux ainsi que l'usage de médicaments de manière modérée). Et un fromage non-bio peut très bien avoir été produit sans OGM et sans abuser des antibiotiques, c'est juste plus difficile à identifier.

COMMENT CHOISIR LE PAIN ?

Nos parents et grands-parents n'avaient pas notre choix ! Pain, baguette, ficelle, au mieux pain de campagne… Leur choix était limité. Aujourd'hui, entrer dans une boulangerie nous confronte à une dizaine de variétés de pains, voire plus.

❧ Attention au pain de mie

Première chose à savoir : le **pain de mie**, le **pain brioché** ou encore la **baguette viennoise** ne sont pas spécialement conseillés, car ils contiennent **beaucoup de sucre**. Si on ne peut pas s'en passer (si, par exemple, on est accro aux toasts du matin ou aux sandwichs-clubs), mieux vaut choisir du **pain de mie complet et bio** et ne pas en abuser.

❧ Complet oui, mais...

Deuxième chose : on entend beaucoup dire que le pain blanc n'est pas terrible (il a notamment un index glycémique élevé – voir chapitre 2), on a donc tendance à prendre plutôt du **pain complet** car on pense que c'est meilleur, ou encore du **pain aux céréales** car on pense que c'est le moyen de diversifier son alimentation (et les céréales, ça donne un côté « naturel »).

Or le pain complet ou semi-complet pose deux problèmes importants :

• Les pesticides utilisés pour que l'écorce du blé (ou des céréales) se conserve bien seraient encore plus dangereux que ceux employés pour la culture de ces céréales.

Pour éviter cela, il faut impérativement **ne consommer que du pain complet biologique** !

• Les écorces des céréales contiennent de l'acide phytique (des *phytates*), substance qui va « chélater » bon nombre de minéraux importants pour l'organisme, c'est-à-dire les entraîner hors de l'organisme, pouvant provoquer des carences (fer, zinc, magnésium, calcium, cuivre… – voir chapitre 8, p. 250) et les troubles qui vont avec. Surtout si on consomme du pain à tous les repas !

La solution se trouve dans la **fermentation**, qui crée des **phytases**, enzymes détruisant les phytates. C'est le cas avec le **pain au levain**, qui est le fruit d'une fermentation. C'est aussi ce qui explique la petite acidité du pain au levain (les phytates

font baisser le pH et augmentent l'acidité), qui fait (pour moi) tout l'intérêt gustatif de ce pain !
En résumé, si l'on achète du **pain bio au levain**, on échappe à ces problèmes.

Gare aux additifs !

Troisième chose : les **additifs**. Jadis, le boulanger se levait à 2 ou 3 heures du matin pour pétrir son pain. Aujourd'hui, c'est de moins en moins le cas… Pourquoi ? D'une part, les **variétés de blé modernes, très riches en gluten** (ce qui peut être un problème pour certains – voir chapitre 2), lèvent plus vite ; d'autre part, ils utilisent certains **additifs** pour stimuler cette levée.
Mais les **additifs** utilisés peuvent **entraîner des problèmes digestifs**. On a tendance à se dire qu'on digère mal le pain à cause du gluten. Toutefois, dans bien des cas, ce sont les additifs les responsables. La solution est simple : **ne consommer que du pain sans additifs**. C'est la fameuse **baguette « tradition »** que l'on trouve dans la plupart des boulangeries. Cependant, de plus en plus de boulangers continuent à produire des pains sans additifs. Posez donc la question au vôtre !

Un pain bien cuit, s'il vous plaît

Dernier point : faut-il manger le pain **bien cuit** ou **pas trop cuit** ?
Un **pain peu cuit** va avoir un **indice glycémique plus élevé** (surtout s'il sort juste du four) tandis que la **cuisson** va **faciliter la digestion** (comme pour la plupart des aliments, c'est pour ça qu'on a domestiqué le feu, après tout !). Donc le pain bien cuit semble plus indiqué.
Un **pain au levain** sera encore plus digeste, car l'amidon du pain est dégradé par la fermentation du levain, donc plus facile à assimiler par l'organisme.

Quoi qu'il en soit, le **plaisir** reste un point crucial de l'alimentation, alors il ne s'agit pas de se forcer à manger du pain bien cuit si l'on n'aime pas ça !

> **EN SAVOIR PLUS**
>
> Il existe aussi un autre pain, le **pain essène**, en référence aux Esséniens, un peuple qui vivait il y a plus de 2 000 ans. Il n'est pas préparé avec de la farine, mais avec des graines de céréales germées, ce qui lui confère une richesse en nutriments et en vitamines très largement supérieure à celle d'un pain classique, ainsi qu'un index glycémique nettement plus bas.
>
> De même, la germination des graines fragmente le gluten, ce qui le rend plus facilement assimilable et rend ce pain plus facile à digérer pour les personnes sensibles (mais les vrais allergiques ou intolérants devront tout de même choisir une version à base de quinoa ou de sarrasin).

COMMENT CHOISIR DES PRODUITS INDUSTRIELS ?

DÉCRYPTER LES ÉTIQUETTES

❦ L'ÉTIQUETAGE NUTRITIONNEL

L'étiquetage nutritionnel fait débat depuis longtemps… Fin 2016, un grand test a été mis en place dans les grandes surfaces, afin de juger de la pertinence de 4 types d'étiquetage. En parallèle, une enquête a été réalisée par le site Marmiton afin de savoir ce que les marmitonautes pensaient de ces étiquetages.

Les résultats ont été assez unanimes : le logo Nutri-score a largement la préférence des consommateurs.

Son principe : donner une note de « qualité nutritionnelle » allant de 1 (très bon) à E (médiocre).
Cet étiquetage est en cours d'intégration et devrait se généraliser peu à peu en France. Néanmoins, si c'est un pas dans la bonne direction (**77 % des personnes interrogées** jugent pertinent de **renforcer la lisibilité des informations nutritionnelles** sur les produits industriels), le sujet de l'équilibre nutritionnel **n'est pas le plus important** pour les consommateurs ! Il passe derrière « l'absence de pesticides » (78 %), « la présence d'additifs et/ou de colorants » (70 %) et « la provenance du produit et de ses ingrédients » (67 %). Il reste donc encore du travail aux industriels pour améliorer la transparence et l'image de qualité de leurs produits.
Le problème est que cet étiquetage est limité aux seuls apports nutritionnels. De plus, **il n'est pas obligatoire** et a déjà commencé à être contourné par certains industriels qui ont préféré afficher leur propre logo, moins stigmatisant pour bon nombre de produits…
Une entreprise vertueuse ne devrait pas se satisfaire de juste respecter les lois et les règlements, mais aller vraiment beaucoup plus loin, dans l'intérêt des consommateurs et des producteurs ! Les entreprises qui le comprennent auront un vrai avantage à l'avenir.

FAIRE SES COURSES

❧ LES ALLÉGATIONS

Les allégations sont les petits messages incitatifs inscrits sur les emballages des produits ou utilisés dans les publicités.

1. Les allégations nutritionnelles : elles indiquent qu'un aliment possède des **propriétés nutritionnelles bénéfiques**, du fait de sa composition (présence ou absence d'un ingrédient) ou des quantités de calories correspondantes.

Exemples :

« Source de vitamines / de minéraux » : la teneur en vitamines ou en minéraux pour 100 g de produit constitue au moins 15 % des apports journaliers.

« Riche en X » : la teneur en ce X est au moins deux fois supérieure à la valeur minimale requise pour l'allégation « Source de ».

« Allégé en matières grasses » : contient au minimum 30 % de matières grasses en moins qu'un produit « standard » du même type.

« Pauvre en matières grasses » : ne contient pas plus de 3 g de matières grasses pour 100 g de produit (ou 1,5 g pour 100 ml).

« À teneur réduite en sel / sodium » : contient au minimum 25 % de sel en moins qu'un produit « standard » du même type.

« Pauvre en sel / sodium » : ne contient pas plus de 0,12 g de sodium pour 100 g de produit (ou 100 ml de produit). Attention : 1 g de sel = 4 g de sodium.

« Sans sel » : ne contient quasiment pas de sel, soit moins de 0,005 g de sodium pour 100 g ou 100 ml.

Parfois, les aliments bénéficiant d'allégations « riche en calcium » ou « pauvre en graisses » peuvent cacher un produit pas forcément sain, qui peut être plein de sucre, d'additifs ou autres… Mais pour le savoir, il faut lire la composition du produit, car les allégations ne le disent pas ! D'une manière générale, quand un produit met « trop » en avant telle ou telle qualité, c'est louche…

2. Les allégations de santé : elles indiquent **un lien entre un aliment et la santé de la personne qui le mange**. Depuis 2012, seules 222 allégations santé sont autorisées, contre près de 4 600 auparavant. Mais beaucoup d'entre elles font encore l'objet de débats entre experts…
Exemples : « Le calcium participe à la construction osseuse » ou *« Les protéines interviennent dans le développement musculaire. »*

3. Les allégations liées à **la réduction des risques de maladies :** elles indiquent que l'aliment **aide à réduire le risque de certaines maladies**.
Exemples : « Aide à réduire le cholestérol », « Aide à réduire l'apparition des caries »…

🌱 L'ORDRE DES INGRÉDIENTS

La chose **la plus simple à comprendre** dans une étiquette est la **liste d'ingrédients** : ils sont classés **par ordre d'importance en termes de quantités**. Parfois, les pourcentages de chaque ingrédient sont précisés, mais ce n'est pas systématique. Cela permet de détecter les petites astuces marketing, par exemple dans des produits « parfumés aux fruits », où les fruits se trouvent vers la fin de cette liste, signifiant qu'il y en a peu. Ainsi, si un produit présenté comme étant « à la fraise » voit les fraises reléguées en fin de liste (voire juste sous forme d'arômes), c'est mauvais signe.

Vous avez dit « chocolat » en poudre ?

20% DE CACAO, CÉRÉALES, SEL ET ARÔMES

80% DE SUCRE

FAIRE SES COURSES

ESTIMER LES QUANTITÉS

Difficile de savoir à quoi correspondent les quantités indiquées ! D'autant que certains fabricants jouent sur les **AJR, les apports journaliers recommandés**, ce qui complique encore le décryptage. Attention : sauf mention contraire, ces AJR sont donnés pour un adulte, même sur un emballage de produit pour enfant !

Une bonne méthode consiste à **prendre pour repères des quantités qui nous parlent**, comme des **morceaux de sucre ou des cuillerées**. Ainsi, vous aurez une meilleure idée de ce que représentent ces quantités !

EN PRATIQUE

Sucre et équivalents : 6 g = 1 morceau de sucre normal rectangulaire (4 g pour un petit cube). Donc 50 g = plus de 8 morceaux, 100 g = près de 17 morceaux, etc.

Le sucre peut prendre plus de 50 noms différents ! Les principaux sont : saccharose, glucose, sirop de glucose, fructose, maltose, lactose, sirop de sucre inverti, caramel, amidon, amidon modifié, sirop d'amidon, sirop de glucose-fructose, dextrose, caramel, sucre de raisin, maltodextrine, dextrine, sucre gélifiant…

Huiles et matières grasses : 5 g = 1 cuillerée à café, 10 g = 1 cuillerée à soupe.

Certains produits affichent des « **% de matières grasses sur extraits secs** », ce qui ne nous dit pas grand-chose. L'important est le « **% de matières grasses sur produit fini** ». Ainsi, entre un camembert et un fromage à pâte pressée (comté, emmental), le pourcentage de MG sur extrait sec est le même, alors que le pourcentage de MG sur produit fini est différent, car il n'y a pas autant d'eau dans les deux fromages.

EN PRATIQUE

Je regarde quoi sur l'emballage ?

- Les ingrédients : ils apparaissent par ordre d'importance quantitative.

- Les teneurs en sucre et en graisse pour 100 g ou pour 100 ml. Cela permet de comparer les produits entre eux.

- Le nombre d'additifs : plus il y en a, plus le produit est transformé.

ÉVITER LES PRODUITS « LIGHT »

Le principe des produits « allégés » est d'enlever de la graisse, donc de la texture et surtout du goût. Cependant, celle-ci est alors remplacée par des épaississants (pas terrible pour la digestion), des **sucres** (pas terrible pour la santé) et/ou du **sel** (même problème).

Au final, le cerveau se sent « floué » et anticipe la prochaine arnaque **en stockant des graisses** (ce qui n'est pas vraiment le but) ou en **augmentant la demande la fois suivante** (la taille de la portion).

Autre astuce de l'allégé : les gâteaux, confiseries, chocolats avec moins de sucre… Cela peut être une bonne chose, sauf si le sucre est remplacé par des édulcorants non naturels ! (Voir chapitre 2.)

Parfois, il s'agit d'arguments purement marketing, comme les bonbons « sans graisse », alors qu'on a rarement des graisses dans les bonbons… Plus pernicieux : les yaourts « 0 % ». Un yaourt classique contient en général 1 gramme de graisses, soit presque rien : un cinquième de cuillerée à café, l'équivalent de la quantité de graisses dans une demi-frite ! Dans ces conditions, ça ne vaut vraiment **pas le coup de prendre de l'allégé !**

🌱 Sodas

Attention aux sodas « light » notamment, qui augmenteraient de 65 %[8] les risques d'obésité pour chaque canette consommée ! Si vous voulez boire du soda, prenez-en plutôt un vrai, avec du sucre, mais de manière occasionnelle.

🌱 Glaces et sorbets : attention aux additifs et au « foisonnage »

Aujourd'hui, de nombreux desserts glacés sont vendus au litre et non au poids. En effet, de l'air est ajouté à la préparation pour gagner en volume sans baisser le prix. Ce procédé a été inventé par une certaine Margaret Thatcher, qui travaillait sur les processus industriels avant de s'engager en politique.

Comme pour tout produit industriel, faites attention aux additifs ! Moins il y en a dans le produit, mieux c'est.

🌱 Confitures : meilleures avec des fruits

Une confiture qui comporte la mention « EXTRA » contient au minimum 45 % de fruits (les fruits étant bien plus chers que le sucre).

Attention aux produits utilisant du **fructose** ! Le fructose est encore pire pour la santé que le glucose. On présente parfois le fructose comme un substitut santé au sucre, car son index glycémique est moins élevé, mais en réalité, il est bien pire du fait de son impact sur le foie…

À RETENIR

Promos : ne vous faites plus avoir !

Souvent, les super-promos et autres offres spéciales n'ont d'intérêt que pour le magasin, qui vous pousse à l'achat. La seule chose à regarder (après la composition, bien sûr) pour vous assurer que ce n'est pas un tour de passe-passe, c'est **le prix au kg**. Vous risquez d'avoir des surprises…

Additifs : faites l'addition !

Ils sont **un peu partout dans les aliments industriels**. Ces produits sont là pour « améliorer » nos aliments, leur donner **plus de goût**, modifier leur **texture** (pour la rendre plus croquante, souple, mousseuse, liquide, solide, pour mieux correspondre aux attentes supposées des consommateurs), leur permettre de se **conserver** plus longtemps, de garder leur **couleur** (ou de la rendre plus conforme aux attentes supposées des consommateurs)…

Ils apparaissent sur la liste des ingrédients sous le nom de **EXXX** (E145, E321…).

On entend dire parfois qu'**un quart de ces additifs** pourraient se révéler **dangereux pour la santé**. De nombreux additifs ont déjà été bannis dans certains pays. Ce qui est troublant, c'est que, selon les pays, ce ne sont pas forcément les mêmes ! En général, ils sont (mal) évalués pour des formes conventionnelles et minérales, alors qu'on ne sait rien sur les formes nanoparticulaires par exemple.

Alors que faire ? Tout simplement faire attention aux additifs présents dans les produits, détecter les plus nocifs d'entre eux et… ne pas les acheter !

Et d'une manière générale, toujours préférer un produit qui a le moins possible d'additifs dans sa composition : **éviter d'acheter un produit contenant plus de 3 additifs**.

Voici une liste des additifs reconnus ou soupçonnés d'être les plus dangereux. Elle n'est pas exhaustive, hélas ! Le mieux est encore d'éviter les additifs au maximum, même s'ils ne figurent pas dans cette liste. Pas facile de l'apprendre par cœur mais vous pourrez toujours vous y référer grâce à ce livre !

FAIRE SES COURSES

NOMENCLATURE	TYPE D'ADDITIFS	ADDITIFS LES PLUS « SUSPECTS »[9]
E1XX	colorant	**E102** – Tartrazine (risque élevé d'allergie chez les personnes sensibles, les enfants, les asthmatiques et les personnes allergiques à l'aspirine, troubles de l'attention et hyperactivité chez les enfants, en particulier quand la tartrazine est associée aux benzoates (E210 à E215)) **E103** – Chrysoïne S (risque pour les enfants et pour les personnes allergiques à l'aspirine, normalement interdit en France) **E104** – Jaune de quinoléine (potentiellement cancérogène, génotoxique) **E111** – Orange CGN (reconnu comme dangereux, il est normalement interdit en France)

E1XX	colorant	**E120** – Acide carminique (extrait de l'insecte appelé cochenille, pouvant déclencher des allergies, soupçonné de favoriser l'hyperactivité chez les enfants) **E124** – Ponceau 4R (cancérogène probable, risque pour les personnes allergiques à l'aspirine, il serait impliqué dans l'hyperactivité chez les enfants) **E128** – Rouge 2G (toxique, cancérogène et mutagène, normalement interdit en France) **E129** – Rouge allura AC (risque pour les personnes allergiques à l'aspirine, soupçonné de favoriser l'hyperactivité chez les enfants, interdit dans les aliments aux États-Unis) **E131** – Bleu patenté V (risques importants d'allergie : urticaire, asthme, rares cas de chocs anaphylactiques, soupçonné de causer de l'hyperactivité chez les enfants)

FAIRE SES COURSES

E1XX	colorant	**E133** – Bleu brillant FCF (risques modérés d'allergie et d'hyperactivité, il est préférable d'éviter sa consommation, en particulier chez les enfants et les personnes asthmatiques) **E143** – Vert solide FCF (toxique, cancérogène et mutagène, normalement interdit en France) **E150d** – Caramel au sulfite d'ammonium (cancérogène probable) **E171** – Oxyde de titane **E172** – Oxyde de fer **E174** - Argent **E175** – Or (ces quatre additifs peuvent être produits sous forme de nanoparticules, dont on ne connaît pas l'effet à long terme sur l'organisme)
E2XX	Conservateur	**E240** – Formaldéhyde (cancérogène, normalement interdit en France) **E250** – Nitrite de sodium (probablement cancérogène selon l'OMS et certainement cancérogène selon l'ARTAC(10))

E3XX	Antioxydant	**E320** – Butylhydroxyanisol (probablement cancérogène) **E386** – Ethylène-diamine-tétra-acètate disodique (fortement soupçonné d'être génotoxique)
E4XX	Épaississant/ stabilisant	Les additifs de cette catégorie ne sont pas identifiés comme présentant de risques particuliers
E5XX	Correcteur, régulateur ou antiagglomérant	**E551** – Dioxyde de silicium (peut être produit sous forme de nanoparticules, dont on ne connaît pas l'effet à long terme sur l'organisme) **E552** – Silicate de calcium (même problème que le E551)
E6XX	Exhausteur de goût	**E621** – Glutamate monosodique ou glutamate de sodium (soupçonné d'être un neurotoxique, ce serait un dérégulateur hormonal de la faim, il est également soupçonné de contribuer au développement de maladies telles qu'Alzheimer, Huntington ou Parkinson)

FAIRE SES COURSES

E9XX	Cire, gaz de propulsion ou édulcorant	**E924**, **E924a** et **E924b** – Bromate (cancérogène, normalement interdit en France) **E926** – Oxyde de chlorine (toxique, corrosif, polluant) **E951** – Aspartame (fait débat quant à plusieurs risques, notamment de cancer ou d'accouchement prématuré) **E952**, **E952i**, **E952ii**, **E952iii** et **E952iv** – Acide cyclamique (soupçonné de conséquences sur le système reproducteur, il peut être dégradé en un sous-produit cancérogène sous l'effet de certaines bactéries)

EN PRATIQUE

On identifie les additifs dans les ingrédients par la mention **E XXX**

Idéalement, privilégier des aliments n'ayant dans leur composition **pas plus de 3 additifs**.

Les **produits bio** ne peuvent utiliser qu'**un nombre très restreint d'additifs** (les plus dangereux potentiellement en sont exclus)

LES NANOPARTICULES

On pourrait penser que ces particules de très petite taille ne sont pas nocives, car trop petites pour influencer notre organisme. Or, énormément de choses se passent à l'échelle microscopique et les **enfants** sont potentiellement les plus fragiles, car leur organisme est encore en développement.

Ainsi, plusieurs agences sanitaires considèrent les nanoparticules comme des **cancérogène possibles pour l'homme**. Certains chercheurs y voient même un danger similaire à celui de l'amiante !

Ces particules, on les trouve dans le **dioxyde de titane (E171)**, qui est souvent utilisé comme agent de blanchiment ou de brillance dans des bonbons, des chewing-gums, certains biscuits, certaines glaces et d'autres aliments industriels.

EN PRATIQUE

Pour être sûr de les éviter, n'achetez pas d'aliments qui contiennent dans leur liste d'ingrédients : **E171, E172, E551 ou E552**[11].

LES PHTALATES

Les phtalates sont des **composants chimiques** dérivés de l'acide phtalique, qui servent à rendre les matières plastiques plus souples. On les trouve dans presque tous les objets en PVC (polychlorure de vinyle) et les revêtements époxy, ce qui couvre : le **film alimentaire**, les **emballages en plastique**, les **revêtements pour les sols ou les murs**, la **peinture**, les **rideaux de douche**, les **tuyaux**, les **jouets en plastique**. Plus le produit est souple, plus il contient de phtalates. Mais

FAIRE SES COURSES

on en trouve aussi dans les produits cosmétiques : il aide le vernis à ongles ou le rouge à lèvres à mieux s'étaler, la laque à mieux fixer…

Le problème des phtalates est que certains d'entre eux peuvent facilement « migrer » vers ce avec quoi ils sont en contact (vers les aliments pour les emballages, vers notre organisme pour les cosmétiques). Dans le cas des aliments, **plus ils sont gras**, plus la migration des phtalates est **favorisée**.

Et c'est là qu'intervient la notion de risque pour notre santé…
La structure moléculaire des phtalates est **très proche de celle de certaines hormones** et peut « tromper » les mécanismes hormonaux de notre organisme, causant un certain nombre de problèmes, dont l'un des plus graves est de favoriser certains cancers, mais aussi le diabète, l'obésité, les maladies cardio-vasculaires, des allergies… Ce sont ce qu'on appelle des « perturbateurs endocriniens ».

Notons que ces composants chimiques seraient particulièrement **dangereux** pour les **femmes enceintes** et les **enfants en bas âge** (attention aux biberons en plastique et aux jouets en plastique qui sont mâchouillés !).

 EN PRATIQUE

Que faire pour s'en protéger ?

• Stockez les **aliments gras** dans des boîtes en **verre** ou en **Pyrex®**.

• Évitez le contact des **produits gras** avec du **film alimentaire**.

• **Réchauffez** les aliments dans des récipients en **verre** (surtout les biberons, car le lait, c'est gras !).

• Côté récipients en plastique, regardez le numéro dans le petit triangle : **évitez les 3 et 7** et **préférez les 2, 4 et 5**.

• Remplacez les spatules en plastique par des spatules en **bois** ou en **inox**.

• Évidemment, limitez les **cuissons « en film plastique »**, comme pour les ballottines !

• Fuyez les **produits électroménagers de marque inconnue**, dont certains composants plastique pourraient ne pas être de première qualité (et donc faire courir un risque plus élevé de dégagement de substances nocives).

LES MÉTAUX LOURDS

Les métaux lourds, dont le vrai nom est ETM pour « Éléments-Traces Métalliques », sont pour certains indispensables au bon fonctionnement de l'organisme (les oligoéléments), mais la plupart d'entre eux se révèlent **toxiques au-delà de certaines doses**. Comme souvent, **c'est la dose qui fait le poison**.
Le problème des **métaux lourds** est qu'ils s'invitent parfois dans notre alimentation.
Quelles sont les sources potentielles des trois métaux lourds les plus courants : **mercure**, **plomb** et **cadmium**[12] ?

• Les **poissons** concentrent le mercure, notamment lorsqu'ils sont **en haut de la chaîne alimentaire** (saumon, thon, espadon). Avec l'augmentation de la pollution des mers, la contamination de ces poissons se trouve aujourd'hui au cœur des inquiétudes. On recommande ainsi de ne pas manger de saumon ou de thon plus de deux fois par semaine.

• Les **crustacés** peuvent présenter d'assez fortes concentrations de **mercure**, de **cadmium** et de **plomb**.

• **Fruits, légumes et céréales** peuvent être contaminés au **cadmium** lorsque les nappes phréatiques dans lesquelles ils puisent sont polluées. Mais le principal risque provient des **pesticides**, qui peuvent contenir, entre autres, du **plomb** ou du **cadmium**. Un argument de plus pour consommer des produits bio ou, au minimum, issus de l'agriculture raisonnée.

FAIRE SES COURSES

• Les **produits transformés** (produits industriels), dont les **additifs alimentaires** peuvent contenir **certaines de ces substances**.

• L'eau du robinet peut être contaminée par des **canalisations en plomb**, d'où les diagnostics obligatoires aujourd'hui sur la présence de plomb pour les transactions immobilières.

> **EN SAVOIR PLUS**
>
> On peut également être contaminé par **inhalation**, mais le danger ne concerne que les fumeurs et les personnes exposées à ces métaux dans un cadre professionnel où ils doivent porter l'équipement adéquat ; certains **cosmétiques** (en quantités négligeables également) ; certains **jouets pour enfants** produits en Asie (la peinture au plomb a pendant un moment été remplacée par de la peinture… au cadmium, ce qui n'était pas mieux !) ; les « vieux » **amalgames dentaires** qui contenaient du mercure ; les **thermomètres à mercure** et les **ampoules basse consommation**. Dans ces deux derniers cas, si on les casse, éviter tout contact avec la peau et éponger le mercure très vite avec du papier absorbant, avant qu'il s'évapore et qu'on le respire. **Éviter l'aspirateur** qui le diffuserait partout !

Mais alors, que faire lorsqu'on a fait une **orgie de fruits de mer** ou qu'on a consommé des **sushis** toute la semaine ? Il existe des aliments aux propriétés « chélatantes », c'est-à-dire qu'ils contiennent des substances qui vont **« s'unir » avec les métaux lourds** et ainsi permettre **leur évacuation par l'organisme**. Deux aliments sont courants : la **coriandre fraîche**, délicieuse hachée dans une salade ou parsemée sur un plat mijoté, et l'**ail**, qui a par ailleurs beaucoup d'autres atouts, dont celui de faire baisser la tension artérielle.

Un troisième est moins connu mais serait efficace dans certaines circonstances : la **chlorelle** (ou *chlorella*, de son petit nom latin), une microalgue aux effets **détoxifiants** potentiellement efficaces contre les **métaux lourds**. Notons aussi l'**agar-agar**, un gélifiant à base d'algues, la **spiruline**, une autre microalgue, l'**ail des ours**, le **psyllium**, les **algues** en général…

Ionisation : quel impact sur les aliments ?

Si certaines études le disent très limité sur la santé, l'impact de l'ionisation n'est à ce jour pas parfaitement évalué. Le **principe de l'ionisation** est de « bombarder » des aliments de rayons gamma ou de flux d'électrons afin de ralentir leur dégradation (par exemple, pour les pommes de terre, leur germination), afin **d'éviter l'emploi de produits chimiques** et de faciliter l'opération, car on peut ainsi traiter rapidement des palettes entières. Mais cette ionisation est en fait une **irradiation**, qui pourrait entraîner la formation de **radicaux libres**, créer des produits dits « de radiolyse » et générer des modifications génétiques, le tout avec **des impacts sur la santé inconnus aujourd'hui**… Une dérive de l'irradiation pourrait être la commercialisation d'aliments de mauvaise qualité par des acteurs de l'écosystème peu scrupuleux (animaux malades, produits avariés) car la stérilisation empêche les contaminations. Mais, là encore, les impacts sont mal connus.

L'ionisation concerne principalement les aliments qui **parcourent de longues distances en cargo**. Et les aliments ainsi traités doivent normalement arborer un logo.

Il y a cependant aujourd'hui peu de contrôles. Néanmoins, le coût de ce procédé n'est pas négligeable et il ne s'applique en général qu'à des produits importés sur de très longues distances, ce qui constitue une raison supplémentaire de **préférer des fruits et légumes locaux et de saison**, sur lesquels ce procédé n'aurait aucun intérêt et ne serait pas rentable.

L'ORIGINE DES PRODUITS

Une chose à vérifier sur l'étiquette d'un produit est **la provenance des ingrédients**. Hélas, la réglementation n'impose **pas assez de transparence** en ce sens. Mais on peut déjà privilégier les produits sur lesquels l'information est donnée. Par exemple, pour les produits utilisant de la purée de tomates, privilégier la mention « 100% tomates italiennes » ou « 100% tomates françaises », car sinon on peut être à peu près sûr que les tomates utilisées viennent de Chine, avec des **conditions sanitaires et des règles concernant les pesticides bien moins rigoureuses** qu'en Europe.

À RETENIR

Consommer des aliments **biologiques** est aussi une bonne approche car **leur ionisation est interdite**.

En résumé :

- Les clés d'une bonne alimentation : **diversifier son alimentation, bien choisir et bien connaître ses marchands**.

- Les **produits bio** correspondent à un engagement de respect des sols, des écosystèmes et des personnes. Ils semblent contenir moins de métaux lourds, plus de polyphénols et plus d'antioxydants que les produits conventionnels.

- Le problème sanitaire n'est pas dû à un seul pesticide, mais au fameux « **effet cocktail** » lié à la consommation conjuguée de nombreux **pesticides**.

- Il est conseillé de **préférer la filière biologique pour les produits laitiers, les œufs, la viande de bœuf, la charcuterie**.

- Pour les œufs, privilégier les catégories 0 (œuf bio) et 1 (œuf de poule élevée en plein air).

- Pour le **pain**, préférer le pain complet biologique ou le pain au levain.

- Pour les **produits industriels** : bien lire les étiquettes, veiller à l'ordre des ingrédients, aux quantités et se méfier des allégations marketing.

- Attention aux **produits « light »**, qui compensent les graisses par d'autres éléments souvent plus néfastes.

- Éviter tous les produits industriels sucrés.

- Éviter d'acheter un produit contenant plus de 3 additifs. N'achetez pas d'aliments qui contiennent dans leur liste d'ingrédients : E171, E172, E551 ou E552 (nanoparticules).

- L'idéal est de consommer **des produits de saison cultivés le plus près possible de chez soi**.

FAIRE SES COURSES

CHAPiTRE **5**

Préparer et cuire

Maintenant que vous avez appris à bien les choisir, savez-vous comment bien préparer les aliments pour profiter de toutes leurs vertus ? De la préparation à la cuisson, comment conserver au mieux leur goût et leurs propriétés nutritionnelles ?

MANGER CRU : AVANTAGES ET INCONVÉNIENTS

Il faut avoir en tête que **plus on cuit à haute température, moins il reste de vitamines**, **enzymes** et autres **nutriments**… La destruction des enzymes commence à 47,8 °C et **au-delà de 120 °C, il ne reste plus aucune vitamine**. Le fait de manger les fruits et légumes crus préserve donc leurs bienfaits et facilite leur digestion grâce à leurs enzymes. Et bien sûr, **avec la peau** (où sont en général concentrés vitamines et antioxydants), ce qui implique de les manger **bio** (la peau concentrant aussi les pesticides).

Le **crudivorisme** fait partie des nombreuses tendances et chapelles de la nutrition, avec ses fans et ses détracteurs… Tout comme le **végétalisme** et le **véganisme**, qui lui sont souvent associés, d'autant que la symbolique d'un mode de vie « pur » antérieur à la découverte du feu est associée au respect de la nature et à une forme de sagesse ancienne. À chacun de se faire son opinion…

Objectivement, **manger cru** a certains avantages : cela demande plus de mastication, donc **force à manger plus lentement**, et cela **rassasie** plus.

Le problème est que manger cru demande un **effort bien plus important à l'organisme**, la cuisson aidant à digérer (d'autant que nous mangeons des aliments cuits depuis plusieurs milliers d'années et que nos intestins ne sont pas forcément habitués à digérer la cellulose des fruits et légumes crus).

De plus, consommer trop d'aliments crus peut s'avérer irritant pour l'intestin et causer ballonnements et/ou diarrhées, mais aussi créer des problèmes bactériens si l'hygiène n'est pas impeccable ou si les produits n'ont pas été assez nettoyés…

Il semble aussi qu'avec l'âge les produits crus soient **plus difficiles à digérer** (mais là encore tout dépend de l'état de santé, notamment de la flore intestinale).

Côté **viandes**, la **cuisson** les rend **digestes**, mais crée aussi des **substances** pouvant devenir **toxiques**, telles que l'**ammoniaque** ou l'**acide urique**. Quant à la **biodisponibilité** des protéines végétales et des protéines animales (capacité de l'organisme à les absorber), le débat est loin d'être tranché…

Néanmoins, manger cru est en général **bon pour la flore intestinale** et il est conseillé de **commencer le repas par une crudité** pour apporter à l'estomac des enzymes utiles à la digestion du repas.

Donc loin de moi l'idée de trancher ce débat ! Comme pour le reste, la consommation d'aliments crus me semble devoir faire l'objet d'expériences sur soi afin de voir s'ils nous font du bien ou pas… Et par défaut, l'idée est d'en consommer un peu, parmi d'autres choses (et comme on l'a vu, principalement en début de repas). Une proportion souvent conseillée est d'un tiers d'aliments crus pour deux tiers d'aliments cuits.

COMMENT CUIRE LES ALIMENTS

LES RÉCIPIENTS

D'une manière générale, dès qu'il y a cuisson, mieux vaut éviter le plastique (voir chapitre 4 sur les phtalates) dont des particules pourraient se détacher et migrer vers les aliments sous l'effet de la chaleur.

Côté casseroles, poêles, faitouts, marmites, il faut éviter l'**aluminium** au profit de l'**inox 18/10** (stabilisé pour qu'aucun métal toxique ne passe dans les aliments), de la **fonte** (lourde mais idéale pour les plats mijotés) ou du **fer** (le fer attire les aimants, pas l'aluminium, c'est bien pratique pour vérifier !).

Côté plats allant au four, la **céramique** ou le **verre renforcé** type **Pyrex**® sont parfaits, car ils ne contiennent aucune substance toxique susceptible de contaminer les aliments.

Quant aux **poêles et casseroles antiadhésives**, très pratiques car elles permettent de cuisiner avec peu ou pas de graisses, elles sont de plus en plus sûres[1] (notamment depuis qu'on en fait sans PFOA et sans PTFE, les substances reconnues comme dangereuses). Leur revêtement antiadhésif est fait soit de Téflon®, soit de « céramique » (en réalité, un mélange de silice et de liants alcooliques sur lequel on n'a encore pas vraiment de recul). Néanmoins, la durée de vie d'un tel ustensile est limitée car le revêtement finit par s'abîmer.

❦ Précautions à prendre

Ne **pas trop chauffer une poêle ou casserole antiadhésive**, car cela use le revêtement et pourrait entraîner une contamination si votre revêtement n'est pas totalement sûr : ne jamais dépasser 230 °C, ce qu'une poêle atteint hélas en quelques minutes sur une plaque réglée au maximum. Ne pas utiliser d'ustensile **coupant** ou **métallique** au risque de l'abîmer.

Ne jamais plonger sous l'eau froide une poêle ou casserole antiadhésive chaude, car là encore, le choc thermique risque d'altérer le revêtement.

Ne pas passer au lave-vaisselle un récipient en fonte, mais le laver à l'eau claire.

LES DIFFÉRENTS MODES DE CUISSON

❧ CUISSON À L'EAU

C'est la plus courante. Elle peut se faire « départ à froid » : les aliments sont placés dans l'eau froide avant de faire chauffer, ou « départ à chaud » : on fait chauffer la casserole, voire on la porte à ébullition avant d'y placer les aliments. Le départ à chaud a surtout un intérêt pour les aliments qui ont un temps de cuisson à ne pas dépasser (pâtes, œufs, poisson).

Un de ses intérêts est que l'on peut **assaisonner** ses aliments en mettant un cube de **bouillon**, des **oignons** émincés, de l'**ail**, des **herbes**, des épices ou tout autre aromate dans l'eau de cuisson.

Si on peut lui reprocher la perte d'une partie des **nutriments** et des **vitamines**, cela ne pose pas de problèmes pour les soupes, car on utilise alors l'eau de cuisson.

❧ CUISSON À L'ÉTOUFFÉE

C'est la même chose que la cuisson à l'eau, sauf qu'on ne plonge pas les aliments dans l'eau mais qu'on les place dans un récipient avec un **petit volume d'eau** et que l'on **couvre le récipient**. La cuisson va se faire de deux manières : par **diffusion de chaleur** depuis le fond de la casserole vers la partie immergée des aliments, ainsi que **sous l'effet de la vapeur** qui va circuler dans la casserole.

Il faut néanmoins veiller à placer suffisamment d'eau dans le récipient et vérifier régulièrement pour en remettre si besoin. Également retourner les aliments de temps en temps (surtout la viande).

On cuit surtout des **viandes** à l'étouffée (rôti de porc ou de veau, souris d'agneau…), mais on peut aussi cuire des **légumes**. Cette cuisson permet également d'assaisonner les aliments.

PRÉPARER ET CUIRE

🌱 Cuisson à l'autocuiseur (ou Cocotte-minute)

C'est un peu la même chose que la **cuisson à l'étouffée**, mais avec l'effet de la pression en plus. Et le fait de mettre l'intérieur sous pression accroît la température (jusqu'à 140 °C), ce qui permet une cuisson plus rapide.

Du fait d'une température de cuisson plus élevée, il y a **perte de certains nutriments et vitamines**.

Ce mode de cuisson est cependant un tout petit peu plus technique. Il faut bien respecter les **précautions d'usage**, notamment la **limite de remplissage**. Et gare aux risques de brûlure à l'ouverture ! Penser à bien changer le joint si l'autocuiseur fuit. Attention avec les légumes secs, qui dégagent de l'écume en cuisant, ce qui peut monter jusqu'à la soupape et la boucher ! (Un petit rinçage des légumes secs avant cuisson peut aider.)

🌱 Cuisson vapeur

C'est certainement **la cuisson la plus saine**, car elle **préserve les nutriments**. C'est la **cuisson qui monte le moins en température** (hormis la cuisson au four à basse température, mais cette dernière est compliquée à intégrer dans une logique de cuisine au quotidien) : la vapeur se forme à 100 °C et elle est déjà en dessous lorsqu'elle parvient aux aliments.

C'est aussi une excellente méthode de **décongélation**.

Pour cuire à la vapeur, on peut utiliser un **cuit-vapeur** (de préférence en inox, au moins pour les parties en contact avec les aliments) ou ce qu'on appelle une « marguerite », qu'on place dans une casserole ou un faitout avec un fond d'eau.

Lorsqu'on utilise un cuit-vapeur à **deux paniers**, placer dans le panier du bas les aliments qui mettent le plus de temps à cuire et dans celui du haut ceux qui cuisent le plus rapidement (la cuisson est plus lente au deuxième étage).

> **EN PRATIQUE**
>
> Votre cuit-vapeur peut avoir des problèmes à cause du **calcaire** contenu dans l'eau qui se dépose sur le fond (la partie qui chauffe) : il suffit de placer un peu d'eau et de **vinaigre** dedans, de laisser le vinaigre faire son effet et de frotter un peu avec une éponge pour retirer le calcaire (c'est un entretien à faire régulièrement).

❀ Cuisson au four à micro-ondes

Le four à micro-ondes est bien pratique pour **décongeler** ou **réchauffer** des plats déjà prêts. Mais on peut aussi l'utiliser pour **cuire** des aliments. Certains n'apprécient cependant pas la texture molle qu'il génère – censée être en partie compensée par des fonctions qui apportent du croustillant, mais d'une efficacité modérée…

Ses **inconvénients** sont toutefois la **perte des nutriments et vitamines** (qui disparaissent presque tous), le problème d'**homogénéité des cuissons** (les ondes sont circulaires et répartissent la chaleur assez inégalement).

Il faut également faire attention aux **récipients utilisés** : ne JAMAIS réchauffer quoi que ce soit dans du plastique. Toujours transférer dans un récipient en verre, Pyrex®, céramique ou autre substance neutre avant de placer au micro-ondes. Éviter bien sûr l'aluminium et les objets métalliques !

Astuce : éviter de consommer un aliment **immédiatement après son passage** au four à micro-ondes, car les aliments continuent à « cuire » légèrement et ça peut être très, très chaud !

❀ Cuisson à la poêle

Faire **sauter** légumes, viandes ou poissons à la poêle (ou au wok) permet de **développer les arômes des aliments** grâce à la fameuse réaction de Maillard (création de particules caramélisées en surface des aliments) tout en gardant leur **croquant** et une partie de leurs **vitamines**.

La cuisson à la poêle doit rester **relativement courte**, il faut toujours **surveiller** et **bien remuer** avec une cuillère en bois (éviter plastique et silicone à cause des phtalates, ainsi que les ustensiles en métal si votre poêle a une couche antiadhésive). **La matière grasse** de cuisson ne doit pas fumer (une huile qui fume émet des substances nocives). Attention, certaines poêles en fonte peuvent mettre longtemps à chauffer. En revanche, une fois les aliments dans la poêle, il est normal que ça fume (c'est l'eau des aliments qui s'évapore). Attention toutefois aux températures trop élevées qui peuvent **faire brûler les aliments** ou créer des **particules nocives** (lorsque les aliments commencent à noircir). Une cuisson longue à température trop élevée **détruit une grande partie des nutriments**.

D'ici peu, les poêles et sauteuses incluront certainement un **thermostat** permettant de mieux maîtriser les températures de cuisson. Ça sera un vrai progrès !

❦ Cuisson au four

Le four permet une **cuisson progressive** et **homogène** des aliments, notamment grâce à la chaleur tournante. On peut l'adapter aux besoins (gril, basse température…) d'autant plus facilement que les fours modernes proposent de nombreuses options (recettes intégrées, détecteur de brûlure, cuisson vapeur…).

Précautions à prendre : toujours utiliser des **gants** ou des **maniques** (tissu ou silicone) pour manipuler les plats, attention en ouvrant la porte du four (coup de chaud garanti), **jamais de matière plastique** dans le four, hormis les ustensiles en silicone de bonne qualité garantis pour les très hautes températures.

Astuce : lorsqu'un plat est sorti du four, il **continue à cuire à l'intérieur** (principe de l'inertie thermique), donc il faut penser à le retirer suffisamment tôt pour éviter une **surcuisson** (notamment pour le poisson).

❧ Friture

C'est une cuisson gourmande, mais qui doit rester **exceptionnelle** car **très grasse**.

La friture ne doit pas dépasser 180 °C (190 °C maximum avec une huile qui tient bien la chaleur) et il faut **changer l'huile régulièrement**, elle doit être jetée après 10 utilisations grand maximum. Entre deux fritures, on retire toutes les impuretés à la passoire fine.

Il faut surtout faire attention aux projections, notamment si les aliments plongés dans le bain de cuisson sont froids.

Astuce : pour certains aliments qui ont besoin d'être cuits à cœur (les frites notamment), frire d'abord à température basse (160 °C), puis dans un deuxième temps à température plus haute (180 °C) pour dorer.

La friture d'un aliment (beignet ou autre) est **terminée lorsqu'il n'y a plus d'ébullition** autour de l'aliment en question dans le bain d'huile (l'humidité de surface a alors disparu).

De **nouveaux types de friteuses** ont été conçus pour fonctionner avec très peu d'huile, grâce à une technologie inspirée des sèche-cheveux ! C'est évidemment plus sain car bien moins gras.

❧ Cuisson à la Mijoteuse

Extension du fameux « rice cooker », la mijoteuse est un **automate de cuisson programmable**. Elle s'occupe de tout, facilite la réalisation des plats mijotés, permet de cumuler les avantages d'une cuisson à l'étouffée (notamment le développement des saveurs) et d'une cuisson vapeur (car l'eau reste dans l'appareil).

Attention à **ne pas utiliser trop d'eau** ! Contrairement à une cuisson au four ou à l'étouffée, l'eau ne va pas s'évaporer, il n'en faut donc pas trop si l'on veut garder l'intérêt de la mijoteuse. Si on a mis trop d'eau, on peut ajouter un peu de fécule ou de farine avant la fin de la cuisson, ce qui épaissira la sauce.

Précautions à prendre : dans un plat mêlant viande et légumes, certains légumes peuvent finir en purée si on les met dès le départ… Penser à **les ajouter plus tard**. Côté **herbes et aromates**, attendre la **fin de cuisson**. Même chose pour le **poivre** (sinon il devient amer en cuisant).

Et surtout, **on ouvre le moins possible l'appareil en milieu de cuisson !** Ça peut tout gâcher…

❦ Cuisson au robot cuiseur

Après s'être longtemps limités au **mixage**, les robots se sont mis à la **cuisson**, sous l'impulsion du fameux Thermomix®. Les applications les plus courantes sont évidemment les **soupes**, les **sauces** et les **crèmes**, mais pas seulement… Le robot cuiseur se positionne aussi sur le terrain de la **mijoteuse**.

Son intérêt est essentiellement qu'il est **multifonctions** et qu'il est inutile de surveiller et de remuer (le bonheur pour les crèmes, les sauces…). C'est un **vrai aide culinaire** (on en trouve souvent dans les cuisines des restaurants), mais il faut cuisiner beaucoup car cela reste un investissement, même si des modèles moins onéreux commencent à arriver sur le marché.

Il faut toujours bien **nettoyer juste après usage** pour éviter que les traces ne sèchent à l'intérieur de l'appareil. Pour cela, un verre d'eau chaude, on ferme et on fait tourner à fond pendant 1 minute, puis on rince.

Astuce : si ça a attaché, verser 1 verre d'eau + 1 cuillerée à soupe de bicarbonate, régler à 40 °C à vitesse moyenne pendant 5 minutes. Si ça a brûlé, laisser 10 à 15 minutes.

🌶 CUISSON AU BARBECUE OU À LA PLANCHA

La cuisson au barbecue est la « cuisson primale » par le feu, qui permet de **cuire très rapidement** les aliments. Aujourd'hui, on sait que la cuisson directe par le feu, non contente de brûler très vite les aliments, est **nocive** car **les graisses retombent dans la flamme** et créent des substances toxiques qui viennent se fixer sur les aliments. C'est pourquoi on cuit les aliments grâce aux braises et non par contact direct avec la flamme.

Le **barbecue vertical** permet d'éviter ces substances toxiques (car les graisses ne retombent pas sur la source de chaleur).

La **plancha** est une bonne solution, car elle permet de cuire les aliments sans avoir à attendre que le bois ou le charbon de bois se transforme en braises (mais adieu les saveurs fumées)…

Les barbecues au gaz ou à l'électricité permettent également ce gain de temps (mais là aussi, il faut bien éviter que les graisses tombent sur la flamme).

Précautions à prendre : **tenir les enfants éloignés des barbecues** (ils sont concernés par 15 % des accidents de barbecue), et surtout ne jamais essayer d'allumer ou de relancer un barbecue en utilisant un liquide inflammable (white-spirit, alcool ou autre).

On peut y cuire des aliments à l'étouffée : dans du papier d'aluminium : pomme de terre, légumes, fruits… En revanche, ne pas mettre de citron ni utiliser d'ingrédients acides type tomate avec l'aluminium, et prendre une boîte en bois (sans le papier) pour les fromages.

Astuce : les **marinades** font toute la différence pour les viandes et légumes.

PRÉPARER ET CUIRE

EN RESUMÉ

Eau : simple, accessible à tous, plutôt saine, mais perte d'une partie des nutriments et des vitamines dans l'eau de cuisson et attention aux débordements si le feu est trop chaud !

Étouffée : cuisson simple, accessible à tous, plutôt saine, mais moins homogène qu'une cuisson à l'eau.

Autocuiseur : cuisson simple, rapide, qui conserve le croquant des légumes, mais perte de certains nutriments et vitamines, et risque de brûlure si on ne respecte pas les précautions d'usage.

Vapeur : une cuisson simple, très saine qui convient à quasiment tous les aliments, même aux gâteaux ! Il faut juste veiller au risque de brûlure avec la vapeur.

Micro-ondes : très rapide, pratique pour décongeler, mais les aliments perdent nutriments et vitamines et aussi leur « croquant ». Tous les récipients ne conviennent pas.

Poêle : une cuisson rapide, accessible et savoureuse qui permet de conserver la texture des aliments et une bonne partie de leurs nutriments si elle est courte. Attention aux cuissons trop longues et aux températures trop élevées.

Four : cuisson simple, souple, homogène et adaptable, mais plutôt lente et comporte des risques à cause des très hautes températures.

Friture : cuisson rapide, savoureuse (le gras, c'est le goût !), mais pas très saine et qui peut être dangereuse à cause des projections.

Mijoteuse : simple d'emploi, mais des précautions d'usage à respecter. Un appareil spécialisé qui a un coût et requiert de la place dans la cuisine…

Robot cuiseur : son intérêt est que l'on peut tout faire avec un seul appareil, mais il reste cher, le bol est parfois trop petit pour une grande tablée, souvent bruyant, pas forcément utile si on cuisine peu.

Barbecue ou plancha : saveurs, convivialité, cuisson personnalisée pour chaque convive, mais danger de trop griller les aliments, requiert un espace extérieur et comporte des risques d'accident.

EN PRATIQUE

Il est parfois pertinent d'**associer deux types de cuisson différents**. Par exemple, on peut pocher une volaille dans une marmite d'eau chaude avant de la passer au four, elle sera ainsi plus tendre. On peut également précuire des légumes ou des viandes à la vapeur, avant de les terminer à la poêle. Faites vos essais !

CUISINER LES LÉGUMES

Aaah… Les légumes ! On devrait en manger à tous les repas, en quantité, mais on fait souvent un blocage. Traumatisme des légumes sans goût des cantines de notre enfance ? Rébellion contre l'injonction de manger des légumes pour garder la santé ? Ou tout simplement manque d'habitude ?

Reprenons à zéro. Des légumes qui régalent, ce sont :

• des bons produits (voir chapitre 4),

PRÉPARER ET CUIRE

• un stockage adapté et pas trop long : il faut consommer les légumes le plus rapidement possible après l'achat, idéalement dans les deux jours, afin de profiter au maximum de leurs bienfaits, notamment de leurs vitamines. Les conditions de stockage sont importantes également (voir chapitre 7).

• la bonne cuisson, pour une bonne texture et un goût préservé,

• les bons accords, pendant la cuisson, mais aussi dans l'assiette.

D'une manière générale, les légumes ne doivent pas être trop cuits, sinon ils vont **perdre en vitamines et en goût** à cause d'une trop longue exposition à une température élevée.

Évidemment, plus la découpe des légumes est fine, plus les morceaux seront petits et plus la cuisson sera rapide !

Avant même la cuisson, attention au lavage et au trempage, car des nutriments risquent de partir au passage. En général, un passage rapide à l'eau courante est suffisant.

Une fois les légumes cuits, on peut les sublimer en les **recouvrant d'un filet d'huile parfumée** (huile de sésame, de noisette, de pistache, de cacahuète grillée, d'argan…) Se reporter au chapitre 6, p. 207.

EN PRATIQUE

Comment faire manger des légumes aux enfants ?

Faire manger des légumes aux enfants peut se révéler compliqué ! Voici plusieurs idées :

- **Les faire participer à la préparation** (épluchage, découpage, composition de l'assiette).

- Utiliser le format « **purée** », avec plusieurs petits dômes ou petits récipients (pommes de terre bien sûr, mais aussi carottes, potiron, petits pois, ou encore mélanges…).

- Dès la **diversification**, faire découvrir le goût des légumes **un par un** et non uniquement dans des pots mélangés ! Les enfants doivent **s'habituer au goût de chaque légume**.

- **Montrer l'exemple !** Des enfants qui se voient servir de légumes alors que les parents n'en prennent pas ont peu de chances d'être convaincus…
- **Bien préparer les légumes** pour qu'ils soient bons !

Cuisson vapeur

C'est la meilleure, car elle **préserve les vitamines et nutriments** des légumes, contrairement à la cuisson à l'eau, au cours de laquelle de nombreux nutriments vont partir dans l'eau de cuisson.

Néanmoins, la cuisson vapeur n'est pas recommandée pour certains légumes qui noircissent sous l'effet de la vapeur (cœurs d'artichauts, salsifis, crosnes, blettes et cardons).

Pour renforcer la saveur des légumes, les recouvrir **d'herbes ou d'épices**, ou les placer sur un lit d'herbes fraîches : brins de romarin, de thym, bouquet de menthe. On peut aussi mettre le tout en **papillote** et ajouter un peu de matière grasse, qui donnera un savoureux jus de cuisson.

Cuisson à l'eau

Si l'on choisit de cuire des légumes à l'eau, le faire à l'**eau bouillante salée** pour les **légumes verts**, car la température de l'eau permet de faire « coaguler » les sucres sur la surface des légumes afin de constituer une pellicule protectrice qui va limiter la fuite des nutriments dans l'eau de cuisson, phénomène qui sera accentué par la présence du sel. De plus, cela permettra de **préserver la couleur des légumes**. Quant à la quantité de sel, l'usage est de faire comme pour les pâtes (7 à 10 g de sel par litre d'eau), mais on peut diminuer la dose pour éviter de consommer trop de sel.

PRÉPARER ET CUIRE

Pour les **légumes-racines** (carottes, panais, navets, rutabagas, topinambours, betteraves, pommes de terre…) et les légumineuses (lentilles, haricots en grains…), **les placer dans l'eau froide non salée avant de faire chauffer**, ce qui leur évite de durcir à cause du choc thermique avec l'eau bouillante.

Pour cuire **à l'eau des légumes verts**, ne pas laisser le **couvercle**, d'une part pour éviter que cela déborde, d'autre part pour **mieux conserver leur couleur verte**. Pour que les légumes restent bien verts, on peut ajouter une pincée de **bicarbonate de soude** à l'eau de cuisson, car plus l'eau de cuisson est alcaline (pH élevé), plus les couleurs demeurent et sont vives (à l'inverse, plus l'eau est acide, plus les couleurs se ternissent : un peu de vinaigre blanc fera blanchir les légumes). On peut aussi rincer les légumes verts juste après la cuisson dans un bain d'eau glacée, puis bien les égoutter.

Astuce : garder l'eau de cuisson des légumes pour un autre usage : réaliser une soupe chaude ou froide, détendre une purée, allonger un smoothie ou un jus de fruits, agrémenter une vinaigrette… et ainsi **récupérer les nutriments** (cette eau de cuisson est tout simplement un bouillon de légumes).

EN PRATIQUE

Si les légumes ne sont **pas de première fraîcheur** ou **pas vraiment de saison**, une bonne option est de les cuire avec du **bouillon** (liquide, en poudre, en cube) dans l'eau, des épices ou encore du **fond de volaille** ou de **veau**. C'est ce qui est fait dans de nombreux restaurants (quand le chef connaît son métier)… Les légumes ont ainsi plus de goût et on a plus de plaisir à les manger !

Mais quand les légumes sont de **bonne qualité**, de **saison** et de **première fraîcheur** (c'est quand même mieux), il ne faut **pas trop les cuire** pour bien garder leur goût (et leurs nutriments). Et on peut compléter la cuisson en les faisant revenir à la poêle avec un peu de matière grasse. On peut utiliser le beurre, qui n'a alors pas le temps de brûler, ou une huile de qualité type noix, noisette ou huile parfumée : **le gras sublime le goût !** C'est particulièrement adapté après une cuisson vapeur.

CUISSON À LA POÊLE

Pour des légumes sautés ou rissolés, on fait chauffer de la matière grasse dans une poêle ou une sauteuse et on y verse les légumes, qui vont voir **leur goût se concentrer sous l'effet de la cuisson** et de la **matière grasse**. Attention à **ne pas trop chauffer la matière grasse !** Si elle fume, on la jette et on recommence.

Lors d'une cuisson à trop haute température, une substance nommée **acrylamide** se forme, classée comme cancérogène possible. Une raison de plus pour éviter les cuissons à trop hautes températures et éviter autant que possible le thermostat maximum sur vos plaques ! (Sauf pour faire chauffer de l'eau.)

Pour la **cuisson**, il y a encore de nombreux débats et la question n'est pas tranchée. Une approche « raisonnable » en l'état des connaissances est d'utiliser **de l'huile d'olive**. À défaut, on peut utiliser de temps en temps **de l'huile de tournesol ou d'arachide** (mais attention, ces deux huiles sont très riches en oméga 6 et nuisent à un bon rapport oméga 6/oméga 3... Et il faut éviter les huiles trop chauffées et raffinées, donc lisez bien les étiquettes...).

De temps en temps, on peut également utiliser des **matières grasses saturées** telles que l'huile de coco, le beurre clarifié (le « ghee » indien) ou le saindoux pour peu qu'on ne consomme pas trop de produits industriels par ailleurs (qui en contiennent beaucoup, notamment l'huile de palme). Hmmm, des pommes de terre sautées à l'huile de coco, c'est sublime !

PRÉPARER ET CUIRE

La graisse d'oie ou de canard est intéressante, car elle a une composition qui se rapproche de celle de l'huile d'olive.

Bien remuer les légumes pendant la cuisson pour éviter qu'ils attachent. L'idéal est de garder les légumes **croquants** et surtout de **ne jamais les faire brûler** (les parties brûlées sont à retirer) !

Friture

On peut faire frire certains légumes directement (pommes de terre, betterave, céleri-rave) : on découpe, on rince, on sèche et c'est parti !

Mais pour la plupart des légumes, mieux vaut les enrober d'un peu de farine ou, mieux, d'une « pâte à frire » (farine et/ou fécule de maïs, levure, eau froide plate ou gazeuse) que l'on peut même parfumer avec des épices ou des herbes hachées pour donner encore plus de goût ! Ainsi, les légumes seront croustillants à l'extérieur et tendres à l'intérieur.

Le fait de fariner ou d'enrober les légumes de pâte à frire **limite l'absorption de graisse**.

Pour les **cuissons à haute température type friture ou wok**, mieux vaut privilégier des matières grasses pouvant monter haut en température telles que l'huile d'olive (si on est sûr de ne pas dépasser 180 °C) ou l'huile de tournesol (choisir alors une huile de bonne qualité). On peut aussi utiliser des graisses animales (graisse d'oie ou de canard par exemple) qui tiennent bien les hautes températures.

ZOOM

La courgette

Légume préféré des Français après la tomate (ce qui est amusant, c'est que, techniquement, les deux sont des fruits !), la **courgette** a parfois la réputation d'être **fade**. Elle propose pourtant une foultitude de possibilités !

• On peut la manger **avec la peau** si elle est bio ou vient du jardin… Quelques secondes sous l'eau, on coupe les extrémités, elle est prête à l'emploi !

• Côté **cuisson** : l'idéal est de cuire les courgettes à la vapeur (4 ou 5 minutes suffisent quand elles sont en tranches fines), sinon une cuisson à l'eau sera encore plus rapide (mais beaucoup de nutriments partent dans l'eau). On peut aussi les faire **rissoler à la poêle** (8 à 10 minutes), voire les faire **frire**… Une bonne idée est alors de **les enrober de farine** afin de limiter l'absorption de graisse. Elles sont également excellentes **râpées** dans une **galette** assaisonnée (farine, sel, herbes ou épices) que l'on cuit à la poêle.

• Côté **assaisonnement**, la courgette s'associe avec bonheur aux épices (cumin, curry, piment, muscade…), à de nombreux **fromages** ayant de **l'acidité** (chèvre, comté et pâtes pressées, ricotta, parmesan, grana panado…), ainsi qu'avec les **herbes fraîches**.

CUISINER LES FÉCULENTS

Les féculents, on pense maîtriser. Pâtes, riz et pommes de terre n'ont pas de secrets pour vous ? Eh bien, je vais peut-être vous surprendre…

DES PÂTES, OUI… MAIS *AL DENTE*

Tout d'abord, un grand classique : **comment bien cuire les pâtes**. Il faut garder en tête la **règle des 1/10/100** : 1 litre d'eau pour 100 grammes de pâtes et 10 grammes de sel (en réalité, c'est plutôt 7 grammes de sel, mais avec 10, c'est plus facile à retenir !). Il faut faire bouillir l'eau avec le sel et ne verser les pâtes que quand ça bout ! Pour des pâtes cuites *al dente* comme il faut, faire cuire 1 minute de moins que le temps indiqué sur le paquet, car une fois sorties de l'eau, les pâtes continuent à cuire grâce à l'inertie thermique.

Il faut savoir que **plus les pâtes sont cuites, plus leur index glycémique est élevé**… Donc, mieux vaut faire comme les Italiens, car manger les pâtes *al dente* est meilleur pour la santé !

L'intérêt des pâtes, c'est qu'elles constituent **une base parfaite pour de nombreuses sauces** et préparations à base de légumes ! L'occasion de faire des expériences en associant et/ou en faisant mijoter, compoter, confire ses légumes préférés.

DES PATATES QUI ÉPATENT

Que ferait-on sans les pommes de terre ? Néanmoins, il y a quelques subtilités dans leur préparation.

Déjà, il est important de choisir les bonnes variétés pour le bon usage :

- pour les **purées**, les **frites** ou les **soupes** de légumes, utiliser des variétés à **chair tendre**, de type bintje, daisy, désirée, rosabelle, safrane ou spunta ;
- pour les **gratins dauphinois**, les **salades** de pommes de terre, les pommes de terre **vapeur**, prendre des variétés à **chair ferme**, de type amandine, belle-de-fontenay, BF15, chérie, corne de gatte, juliette, nicola, pompadour, ratte ou roseval ;
- si on veut pouvoir tout faire avec une seule variété, choisir certaines variétés **intermédiaires** comme adriana, charlotte, élodie, mona lisa ou samba.

Pour faire **une bonne purée**, la meilleure méthode est à la main avec un écrase-pommes de terre ou un presse-purée, mais on peut aussi la réaliser au mixeur (attention à ne pas trop mixer car la purée deviendrait élastique). Incorporer un peu de **matière grasse** (beurre ou huile d'olive selon les goûts) et un peu d'**eau chaude** pour la « détendre », sinon elle risque d'être trop compacte. Le réflexe est souvent d'ajouter du beurre (ou de l'huile) jusqu'à ce qu'elle ait la bonne consistance, mais ça n'est pas l'idéal côté santé… Alors mieux vaut penser à l'**eau chaude**, mais aussi au bouillon, au jus de viande, etc.

C'est bon, les **pommes de terre sautées** ! Pour les sublimer, une fois épluchées et découpées, il faut bien les **rincer** et les **sécher**, avant de les mettre à cuire à la poêle dans un peu de matière grasse chaude. Et, surtout, on NE SALE PAS avant la fin de la cuisson, cela empêcherait la croûte de se former autour des pommes de terre et on obtiendrait plutôt de la purée grillée…

Quant aux **frites**, elles doivent idéalement être préparées en **deux phases** : un premier bain de cuisson à 160 °C environ, pour les **cuire**, puis un deuxième à 180 °C pour les **faire dorer**. Il existe aujourd'hui des **appareils de friture « sans huile »** (qui n'en utilisent en réalité qu'un tout petit peu) très efficaces. Le résultat n'est pas exactement celui obtenu avec une friteuse, c'est un peu plus sec, mais quand même très bon.

Que dire des **pommes vapeur**, sinon que la meilleure manière de les cuire est « en robe des champs », c'est-à-dire **avec la peau**. Ainsi, non seulement elles ont plus de goût, elles conservent mieux leurs vitamines, mais en plus elles ont un **index glycémique plus faible** au moment de la consommation.

LE RIZ, C'EST BIEN PRATIQUE !

Le riz est la nourriture de base pour des milliards de personnes dans le monde. Apprécié des enfants, il accompagne avec bonheur à peu près tous les aliments…

Son seul inconvénient : un **index glycémique élevé**. L'idée est donc plutôt de le consommer **complet** ou **semi-complet** (donc de préférence bio dans ces cas pour éviter les pesticides dans l'enveloppe du riz) et de choisir le mode de préparation qui limitera cet index glycémique.

Première chose à faire : **rincer le riz avant cuisson**. Soit on le met dans une passoire fine et on fait couler un filet d'eau qui va **retirer l'amidon**, soit on le met dans un bol et on le rince dans de l'eau 3 ou 4 fois (on voit bien l'amidon partir dans l'eau trouble). De cette manière, on arrive à retirer 5 à 10 points d'index glycémique ! Après le rinçage, on peut aussi laisser le riz tremper dans l'eau pendant 20 à 30 minutes.

Ensuite, **la cuisson**. Plus le riz cuit ressemble à une bouillie ou une purée, plus son index glycémique est élevé. Il faut donc privilégier une **cuisson pas trop violente** qui va **préserver l'enveloppe** du grain de riz :

• Le **cuiseur à riz** (le fameux « rice cooker ») est idéal, mais on n'a pas toujours la place pour un ustensile de plus…

• La **cuisson vapeur** fonctionne bien mais prend un peu plus de temps (20 minutes environ pour du riz semi-complet).

• La **cuisson à l'eau** se fait avec un **démarrage à froid** : le riz ne se cuit pas comme les pâtes ! On met dans sa casserole

1 volume de riz et 1,5 volume d'eau, puis on chauffe jusqu'à ébullition, et alors on diminue le feu, on couvre et on compte environ 15 minutes, le temps que le riz ait absorbé toute l'eau. Attention : si on chauffe trop et si on ne couvre pas, l'eau va s'évaporer plus vite et le riz va brûler… Idéalement, on coupe le feu et on laisse le riz reposer à couvert 10 minutes (sauf si on a vraiment trop faim !).

• Quant à la **cuisson pilaf**, elle demande un peu plus de temps et d'attention… Il faut faire revenir le riz rincé dans de la matière grasse (on peut aussi y intégrer des épices, des oignons hachés ou des échalotes) jusqu'à ce qu'il devienne translucide. On baisse alors le feu et on ajoute de l'eau (ou du bouillon) à hauteur de 2 fois le volume de riz et on laisse cuire jusqu'à ce qu'il n'y ait plus de liquide, en remuant de temps en temps.

• Si on est pressé, il reste la **cuisson au micro-ondes** (1 volume de riz, 2 volumes d'eau et 10 minutes à 750W).

Astuce : remède bien connu, le **gruau**, ou *congee*, est recommandé en cas de diarrhée, d'intoxication alimentaire ou autres problèmes digestifs. C'est le bouillon de cuisson du riz, obtenu en faisant cuire le riz sans le laver et dans beaucoup plus d'eau que nécessaire (7 ou 8 volumes d'eau pour 1 volume de riz). On peut le servir sucré, salé, ou tout simplement parfumer l'eau de cuisson avec du bouillon ou des épices.

Cuisiner la viande

Une viande bien cuite dépend de beaucoup de choses : d'abord de la **qualité** de la viande, ensuite du **savoir-faire** de celui ou celle qui la cuit, enfin des **goûts** de celui ou celle qui la mange. Côté **santé**, la **cuisson** a l'avantage de **tuer les éventuelles bactéries dangereuses** et **parasites** qui pourraient se trouver dans la viande crue.

La cuisson augmenterait la concentration de certains minéraux, cependant, le collagène qui garde les viandes tendres disparaît rapidement (dès qu'on dépasse 67 °C, les myofibrilles qui composent les fibres musculaires se contractent tellement que le « jus » est chassé des cellules, asséchant la viande), et surtout de nombreux composés toxiques apparaissent du fait de la transformation des protéines. Il est donc **plus sain** de manger une viande **saignante** que **bien cuite**. Néanmoins, une **cuisson lente** ou **mijotée** à température pas trop élevée permet d'éviter ces problèmes si on n'aime pas la viande trop rouge. En revanche, la cuisson au **barbecue** est à limiter à des **occasions ponctuelles,** car même si les graisses s'évacuent plus que dans une poêle, ce type de cuisson produit encore plus de **substances toxiques**.

La **cuisson à l'étouffée** est très pratique pour avoir une sauce consistante avec la viande, en ajoutant oignon, ail, échalote hachés, fond de veau ou de volaille pour épaissir en fin de cuisson si besoin.

RÈGLES IMPORTANTES POUR UNE BONNE CUISSON

• Sortir la viande du réfrigérateur **1 heure à l'avance** (30 minutes minimum).

• Utiliser un **minimum** de matière grasse (l'huile d'olive est une bonne huile de cuisson) sans trop la chauffer ! Si elle commence à fumer, mieux vaut la jeter et recommencer en chauffant moins. Bien entendu, ne pas réutiliser une huile de cuisson ! (S'il en reste, c'est qu'on en a trop mis.)

• Pendant la cuisson, **ne pas piquer la viande** (par exemple avec une fourchette pour la manipuler ou une pique sur le barbecue), car ça ferait sortir le jus et l'assécherait.

• Avant de servir une viande grillée (ou avant de la découper), ou un rôti de bœuf, la **laisser reposer quelques minutes** pour laisser le temps aux sucs de bien réhydrater l'ensemble du morceau. On peut la **couvrir** avec un papier d'aluminium pour qu'elle ne refroidisse pas trop.

• Dans la mesure du possible, si la viande a un peu trop grillé par endroits, il faut gratter pour **retirer les parties trop noires**.

> **IDÉE REÇUE**
>
> **Saler la viande avant cuisson** ne pose **aucun problème** de fuite des sucs ni de dessèchement, contrairement à une idée reçue largement répandue. En revanche, **ne poivrer qu'après cuisson** (le poivre moulu prend un goût amer quand on le chauffe).
>
> D'un point de vue purement santé, l'idéal est de ne pas saler avant, car on sale en général moins après cuisson !

CUISSON DES DIFFÉRENTS TYPES DE VIANDES

Compter **120 g de viande par personne adulte pour une grillade** ou **150 g pour une viande à mijoter**.

Le **rôti**, qu'il soit de bœuf, de porc, de veau ou de dinde, doit d'abord être doré à la cocotte dans de la matière grasse (huile d'olive), puis cuit au four. Surtout, pas de barde de lard autour ! On peut aussi cuire un rôti à l'étouffée dans une casserole ou une cocotte.

Pour réussir **un bon poulet rôti**, l'idéal est de glisser un peu de beurre (voire de beurre aux herbes) sous la peau du poulet. Ne pas hésiter à le saler (contrairement aux autres viandes), car cela va aider à rendre la peau croustillante. Et, petite astuce, le faire cuire les pattes en l'air, car les blancs cuisent plus vite et, si on les laisse sur le dessus, ils risquent de devenir secs.

PRÉPARER ET CUIRE

Évidemment, ajouter ail et oignon dans le plat pour donner du goût à la sauce !

On vérifie la bonne cuisson d'une **volaille** en plantant une pique ou une pointe de couteau dans la peau : le jus qui coule doit être complètement transparent.

Pour une cuisson à la mijoteuse, lorsque c'est possible, **garder la peau des volailles** qui va éviter la surcuisson tout en aidant à garder la viande moelleuse.

Astuce pour bien cuire à la poêle (ou à la plancha), un **steak**, un **tournedos** ou toute autre **pièce de bœuf** : tâter le muscle de la base du pouce en joignant pouce et index pour avoir la fermeté d'une viande cuite bleue, en joignant le pouce et le majeur pour une viande saignante, le pouce et l'annulaire pour une viande à point, et enfin le pouce et l'auriculaire pour une viande bien cuite (c'est bien dur !).

Pour une bonne **viande mijotée**, la couper en cubes de 3 cm de côté environ. Commencer par faire revenir la viande à feu assez vif avec un peu de matière grasse au fond de la cocotte en salant, puis ajouter éventuellement oignons et lardons s'il y en a dans la recette. Après quelques minutes, intégrer les autres ingrédients et baisser le feu.

Durées typiques pour une **cuisson au four** (à 180 °C) :

- bœuf : 10 minutes par 500 g
- agneau (gigot, épaule) : 15 minutes par 500 g
- poulet : 25 minutes par 500 g
- porc ou veau : 30 minutes par 500 g

Mais on peut choisir de cuire une viande à **plus basse température** pour moins l'assécher et la rendre **plus tendre**. Le plus simple est d'utiliser une **sonde** afin de détecter la **cuisson à cœur** de la viande. On peut ainsi stopper la cuisson dès qu'elle est atteinte (ce qui se fait automatiquement si le four dispose d'une sonde connectée qui peut rester plantée dans la viande). La bonne température de cuisson au four à basse température est 80 °C.

Températures typiques de **cuisson à cœur** :

- bœuf : 55 °C
- agneau : 55 °C (carré ou selle), 60 °C (gigot)
- volaille (rôti, suprêmes, cuisses) : 70 °C
- porc ou veau : 60 °C

Entre les deux, on peut faire un compromis avec une cuisson à 120 ou 130 °C par exemple. Il faudra alors vérifier la cuisson à l'aide d'un couteau.

Pour une **volaille bien tendre** (notamment dinde ou chapon de Noël), on peut **la pocher 15 minutes** dans un faitout à l'eau frémissante salée afin de l'attendrir, avant de la cuire au four.

Cuisiner le poisson

Le poisson est souvent trop cuit...

On a trop souvent tendance à ne pas « oser » préparer du poisson, parce qu'on ne sait pas bien faire, parce qu'on a peur de trop le cuire, ou pas assez… Même au restaurant, le poisson est en général **trop cuit** (parfois par manque d'expertise des cuisiniers, mais plus souvent parce qu'il attend trop longtemps avant d'être servi).

Une astuce intéressante est de blanchir le poisson quelques minutes dans une eau vinaigrée frémissante.

Le poisson est cuit quand il atteint 55 °C « à cœur ». On a tendance à **le chauffer beaucoup plus** et surtout **beaucoup trop longtemps**. L'idéal est d'avoir une **sonde de température**. L'astuce est même de la régler pour stopper la cuisson à 53 °C, car une fois qu'on l'a sorti du four, le poisson **continue à cuire** du fait de l'inertie thermique !

PRÉPARER ET CUIRE

QUEL TYPE DE CUISSON ?

On peut cuire du poisson entier ou en filets… L'avantage de le préparer entier est la rapidité et la **simplicité**, ainsi que le **goût** (le poisson est plus savoureux lorsqu'il est cuit avec ses arêtes). L'inconvénient est qu'on doit faire le travail, soit **au moment du service**, soit directement **dans son assiette**. Avec toujours le risque de trouver une arête ! Mieux vaut donc préférer les filets pour les enfants en bas âge.

Il y a principalement 3 manières de cuire le poisson :

• **Grillé** : à la poêle, à la plancha ou au barbecue, c'est une cuisson savoureuse, mais qui demande une **surveillance assidue** pour éviter qu'il parte en miettes.

EN PRATIQUE

Une cuisson particulièrement intéressante est la **cuisson à l'unilatérale** : on garde la peau sur un côté des filets et on les pose sur la surface de cuisson côté peau, sans jamais les retourner. La cuisson se fait ainsi progressivement et on peut conserver un côté presque cru sur le dessus du filet, qui donne au poisson une texture très agréable.

• **Au four** : c'est une cuisson savoureuse, car les herbes et les épices ont le temps de parfumer la chair du poisson. Attention à ne pas dépasser la température de cuisson à cœur !

• À **la vapeur** : c'est la cuisson la plus saine car la moins haute en température. Cependant, pour éviter que le poisson soit fade, l'idéal est alors de le faire en **papillote** avec des **herbes** et des épices, voire **directement avec la garniture**. Seule précaution : jamais d'aliment acide type citron ou tomate au contact du papier d'aluminium ! Une solution est de rajouter une **feuille de papier cuisson** entre les deux. On évitera de cuire le poisson à la mijoteuse car il risque fort d'être trop cuit.

Poisson cru : les précautions à prendre

Si vous préparez du **poisson cru** (en sushis, sashimis, en **ceviche** ou **façon tahitienne** – dans les deux cas, c'est le citron qui va « cuire » la chair), à partir de poisson non surgelé, demandez à votre poissonnier quelles **précautions** prendre afin d'éviter les éventuels parasites (c'est pour cela que le poisson cru est très fortement déconseillé aux femmes enceintes). Normalement, si le poisson que vous achetez a été **surgelé**, il n'y a pas de risque, sinon il n'y a pas de problème avec le poisson d'élevage provenant d'Europe. Dans les autres cas, il faut idéalement mettre votre poisson au **congélateur** pendant une semaine afin de tuer tout parasite potentiel.

Choisissez des filets de poisson **bien frais** et **bien fermes** (cabillaud, daurade, vivaneau, maquereau, saumon…).

Cuisiner les œufs

On a dit beaucoup de mal des œufs, avec la phobie (infondée) du cholestérol (voir chapitre 2). Alors, faites-vous plaisir ! Les œufs sont une **excellente source de protéines** et de **matières grasses**, particulièrement recommandée au petit déjeuner.

Pour les cuire, la règle est simple : 3-6-9.

- **3** à 4 **minutes** (selon la taille de l'œuf) pour les œufs à la coque une fois plongés dans l'eau bouillante
- **6 minutes** pour les œufs mollets
- **9 minutes** pour les œufs durs

Pour des œufs brouillés dignes d'un hôtel 5 étoiles, faire chauffer une casserole d'eau à petits bouillons, puis placer dessus une casserole plus petite et y faire fondre un peu de beurre. Une fois que le beurre fondu tapisse la petite casserole, casser les œufs et y ajouter 1 cuillerée à soupe d'eau, avant de mélanger sans arrêt jusqu'à obtenir une consistance de crème. Incorporer

PRÉPARER ET CUIRE

alors 1 cuillerée à soupe de crème fraîche, puis laisser cuire 2 minutes, avant de saler, poivrer et de servir. Résultat garanti ! Les œufs pochés se cuisent 2 minutes environ dans de l'eau bouillante salée et vinaigrée. Il faut casser l'œuf et le plonger au milieu d'un tourbillon fait dans l'eau avec une cuillère, puis amalgamer le blanc autour du jaune à l'aide de deux cuillères afin qu'il reste entier. L'œuf doit être **ferme mais pas trop**. Petite précision : plus il est frais, mieux c'est.

> **À RETENIR**
>
> Pour rappel, quand il y a de **l'œuf cru** dans votre plat (comme dans un tiramisu) la règle et simple : votre plat doit être conservé **au frais, bien protégé** (film transparent ou récipient hermétiquement fermé) et **consommé dans les 24 heures**.

CUISINER LES LÉGUMINEUSES

On peut les acheter **déjà cuites**, en conserve. Il s'agit alors de **bien les rincer** avant de les cuisiner. Sinon, la solution la moins chère, la plus authentique et – souvent – la plus savoureuse consiste à les acheter **sèches** et à les cuire soi-même.
On compte **70 g de légumineuses sèches par personne** (+ ou – 10 g selon l'appétit) si c'est la base d'un plat principal, **la moitié** pour une **entrée** ou un **accompagnement**.

PHASE 1 : LE TREMPAGE

Pour les rendre **plus digestes** (en éliminant une bonne partie des glucides, qui fermentent dans l'intestin et causent des ballonnements) et **accélérer leur cuisson** (car ils contiennent alors plus d'eau), on **fait tremper** certaines légumineuses avant de les faire cuire. On les place dans un récipient en verre, on les couvre d'eau en laissant 4 ou 5 cm d'eau au-dessus des légumineuses – ce qui correspond *grosso modo* à 3 volumes d'eau pour 1 volume de légumes secs.

Les légumineuses qui ont besoin de trempage sont celles qui ont une **peau épaisse**, soit principalement les pois chiches, les pois cassés, les haricots en grains « durs » (blancs, noirs, rouges, pintos…), fèves. Les lentilles, les flageolets, les gourganes (ou fèves des marais), les azukis et les mungos n'en ont pas besoin (ceci dit, cela ne leur fera pas de mal).

Le **temps de trempage** est souvent indiqué sur l'emballage et dépend des légumineuses : 1 heure pour des pois cassés, 10 à 12 heures pour des haricots en grains ou des fèves, 12 à 24 heures pour des pois chiches. Ensuite, on jette l'eau de trempage.

Pour les trempages longs (plus de 8 heures), on peut changer l'eau de trempage une ou deux fois.

Fin du fin : faire germer les légumineuses avant cuisson pour se débarrasser d'une proportion encore plus grande de sucres fermentescibles… Mais là, c'est du perfectionnisme.

Une astuce connue consiste à ajouter une cuillerée (à café ou à soupe selon la quantité) de **bicarbonate de soude** au début du trempage, pour améliorer encore la digestion des légumes secs et l'assimilation de leurs nutriments, mais cela les ramollit et détruit la thiamine (vitamine B1)… Donc, à chacun de voir ce qu'il préfère en fonction de ses besoins.

Mais puisqu'on n'a pas toujours envie d'attendre 24 heures avant de préparer le repas, voici deux alternatives au trempage des légumes secs :

• **Variante rapide** : mettre les légumineuses avec les 3 volumes d'eau froide dans une casserole, puis faire bouillir le tout 2 ou 3 minutes avant de sortir du feu et de laisser reposer 1 heure.

• **Variante rapide au micro-ondes** : faire chauffer 1 volume de légumineuses dans 3 volumes d'eau pendant 10 minutes à couvert, à forte puissance, puis laisser reposer 1 heure.

PHASE 2 : LA CUISSON

On place les légumineuses (qu'elles aient trempé ou non) dans une cocotte ou une casserole, puis on ajoute **4 volumes d'eau froide** (attention : surtout pas l'eau de trempage !) et on lance la cuisson à feu pas trop fort : il faut atteindre une **petite ébullition**. Pour le temps de cuisson, se référer à la durée mentionnée sur le paquet. Ça peut aller de 20/25 minutes pour des lentilles à 2 heures pour des pois chiches. Ce temps dépend de beaucoup de paramètres (durée de trempage, fraîcheur des produits…), aussi faut-il **toujours goûter** pour être sûr que c'est bien cuit, sinon laisser cuire encore un peu.

• **Règle n° 1 :** on ne sale PAS l'eau de cuisson, on sale en fin de cuisson sinon on empêche l'eau de pénétrer dans les légumes et ça cuit moins vite. C'est déjà assez long !

• **Règle n° 2 :** on parfume l'eau de cuisson avec des aromates… Laurier, thym, romarin, épices, il faut que ça ait du goût !

• **Règle n° 3 :** on écume pendant la cuisson ; les impuretés remontent à la surface de l'eau, elles sont assez faciles à enlever d'un coup de cuillère ou d'écumoire.

• **Règle n° 4 :** si le plat qu'on souhaite préparer nécessite la cuisson de légumes, on les ajoute au fil de l'eau, de manière à faire coïncider les fins de cuisson (et pour éviter d'obtenir de la purée de légumes !).

> **EN SAVOIR PLUS**
> Il paraît qu'en ajoutant un peu d'algues kombu dans l'eau de cuisson, on améliore encore la digestion.

Attention : consommer des légumineuses en forte quantité quand on n'en a pas l'habitude peut être **un peu dur à digérer au début** (malgré toutes nos précautions), il faut parfois un peu de temps pour s'y faire.

EN RÉSUMÉ

- **Manger cru** demande un effort bien plus important à l'organisme, **la cuisson aide à digérer**.

- **Manger cru** est néanmoins **bon pour la flore intestinale** et il est conseillé de commencer le repas par une crudité pour apporter à l'estomac des enzymes utiles à la digestion.

- Dès qu'il y a cuisson, mieux vaut éviter le plastique et l'aluminium.

- À l'eau, vapeur, à l'étouffée, à la poêle, au four, au barbecue… chaque mode de cuisson a ses avantages et ses inconvénients, mais la **cuisson vapeur** est certainement la plus saine, car elle **préserve les nutriments**.

- Il est parfois pertinent d'associer deux types de cuissons différents.

- **Attention à ne pas trop chauffer la matière grasse !** Si elle fume, mieux vaut la jeter.

- Les **légumes** ne doivent pas être trop cuits, sinon ils vont perdre en vitamines et en goût.

- La cuisson rend les **viandes** digestes, mais crée aussi des substances pouvant devenir toxiques.

- Veiller à **ne pas trop cuire le poisson** et consommer cru uniquement des poissons qui ont été surgelés.

- Manger les **pâtes** al dente est meilleur pour la santé, car leur indice glycémique est plus bas.

- Préférer le **riz complet ou semi-complet**.

- Pour les rendre plus digestes et accélérer leur cuisson, toujours faire tremper les **légumineuses** avant de les faire cuire.

PRÉPARER ET CUIRE

CHAPiTRE **6**

Assaisonner

CHAPITRE 6

Vous savez les choisir, les préparer et le cuisiner au mieux. Maintenant, comment assaisonner vos aliments pour les sublimer ?

Le sel : ami ou ennemi ?

C'est l'exhausteur de goût par excellence, mais il n'est pas neutre pour la santé…

Après le sucre et les graisses, l'**excès de sel** est montré du doigt comme un problème de santé publique, principalement du fait de sa présence dans les **aliments industriels**, très consommés aujourd'hui. En effet, notre consommation se rapproche de 10 g de sel par jour, alors qu'elle ne devrait pas en dépasser 5 g selon l'OMS[1].

Le sel est un facteur d'**hypertension** (qui touche près d'1 adulte sur 4 en France !) et donc de **risque cardio-vasculaire**, mais il serait également un facteur d'ostéoporose, car il renforce l'évacuation du calcium, il favorise la **rétention d'eau** (on se trouve parfois gonflé après un repas trop salé), l'**assèchement de la peau** (et donc son vieillissement), il peut provoquer des **insuffisances rénales** et il **favoriserait certains cancers**.

  EN PRATIQUE

Comment manger moins salé ?

• Toujours **goûter avant de saler** (en plus, c'est très énervant pour celle ou celui qui a préparé le repas de voir un convive qui sale avant même d'avoir goûté…).

• **Ne pas trop saler** les plats lors de la **préparation** (chacun pourra saler lors du repas s'il trouve que ça manque).

• Sauf exception (légumineuses), pour les cuissons à l'eau, **saler l'eau dès le départ**.

• **Utiliser l'acidité !** Souvent, un assaisonnement ou un plat va sembler **fade** par **manque d'acidité**. Le jus de citron est très pratique dans ce cas (sauce, salade, soupe…).

> • Pour donner du **goût**, préférer les épices et les **herbes fraîches** au sel.

Attention aux aliments les plus salés :

• Les **plats cuisinés industriels**, les **soupes en briques**, les **biscuits sucrés**… Les **aliments transformés** en général sont souvent salés, car c'est un bon moyen de leur donner du goût, ainsi que de les conserver.

• Les **charcuteries**, surtout les charcuteries sèches (saucisson, jambon cru…), hypersalées.

• Attention au **pain**, qui contient beaucoup de sel.

• Les **biscuits apéritifs**, les **chips**, les **olives**, les **cacahuètes** et autres **noix salées** pour l'apéritif.

• Les **fromages** sont – pour la plupart – très salés.

• Sushis et sashimis, car on consomme beaucoup de sauce soja avec (elle est très salée). Préférer les **sauces soja allégées en sel.**

• Les **sauces toutes prêtes** du commerce (vinaigrettes, mayonnaises, ketchups…), toujours trop salées.

Mais aussi :

• Équilibrer les repas trop riches en sel avec des produits **riches en potassium** (des bananes notamment), car le potassium contrebalance les effets du sel au niveau cellulaire. L'ail est aussi excellent pour faire baisser la tension.

• Il semblerait que la **vitamine C** soit utile pour contrebalancer les effets négatifs d'un excès de sel. Comme elle est utile pour beaucoup d'autres choses, autant ne pas s'en priver !

• **Fumer** diminue sensiblement les sensations gustatives et pousse à charger en sel pour « sentir quelque chose » !

COMMENT SUBLIMER LES LÉGUMES

La matière grasse est tout à fait utile. Le **beurre** est une bonne option, sur des légumes chauds, avec un peu de sel. Mais on peut aussi varier avec un filet d'**huile**. Privilégier des **huiles végétales riches en oméga 3** (huiles de lin, de noix, de noisette, de chanvre), qui sont en général à conserver au frais car sinon elles rancissent vite.

Ces huiles riches en oméga 3 peuvent également être utilisées en filet sur des légumes qui viennent d'être cuits, mais **elles ne doivent jamais être cuites**.

Quelques **herbes fraîches hachées** sur les légumes leur apportent encore du goût supplémentaire, surtout s'ils ne sont pas de première qualité ou pas très frais.

VINAIGRETTES : PRINCIPE ET RECETTES DE BASE

Une bonne vinaigrette doit respecter la règle des 4 éléments…
- 1 élément **acide** (vinaigre, jus de citron)
- 1 élément **salé** (sel fin, sauce soja, miso, nuoc-mâm)
- 1 élément **sucré** facultatif (miel, jus ou pulpe de fruits)
- 1 élément **gras** (huile ou mélange d'huiles)

Certains éléments peuvent être déjà présents dans un seul produit (par exemple, un jus de fruit peut apporter du sucre et de l'acidité, tout comme un vinaigre balsamique).

On peut également ajouter si on le souhaite (ou si on aime les films de Luc Besson) un **cinquième élément pimenté** (moutarde, sauce piquante, wasabi, poivre…).

Il faut respecter un certain ordre de préparation : **mélanger d'abord l'élément acide** et **l'élément salé**, puis ajouter ensuite **l'élément sucré**, puis enfin **l'élément gras** en **fouettant** pour créer une émulsion. En effet, le gras n'est pas miscible avec le reste, on n'obtient jamais une sauce totalement homogène, mais juste des bulles de gras en suspension dans

Règle des quatre éléments pour la vinaigrette

ASSAISONNER

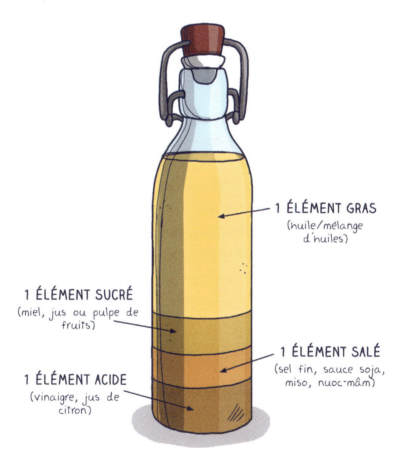

1 ÉLÉMENT GRAS
(huile/mélange d'huiles)

1 ÉLÉMENT SUCRÉ
(miel, jus ou pulpe de fruits)

1 ÉLÉMENT SALÉ
(sel fin, sauce soja, miso, nuoc-mâm)

1 ÉLÉMENT ACIDE
(vinaigre, jus de citron)

le liquide. Et si on laisse reposer sa vinaigrette trop longtemps, le gras remonte à la surface et il faut à nouveau remuer avant utilisation (ce qu'on voit bien avec les vinaigrettes en bouteilles). Quelques vinaigrettes qui marchent bien :

• **La basique** : 1 cuil. à soupe de vinaigre de cidre, 1 pincée de sel (on mélange), ½ cuil. à café de miel (on mélange), 2 cuil. à soupe d'huile de colza (on mélange).

• **La méditerranéenne** : 1 cuil. à soupe de vinaigre balsamique, 1 pincée de sel (on mélange), 2 cuil. à soupe d'huile d'olive.

• **La vitaminée** : 2 cuil. à soupe de jus de citron, 1 pincée de sel (on mélange), ½ cuil. à café de miel (on mélange), 2 cuil. à soupe d'huile de lin (on mélange).

• **L'exotique** : 1 cuil. à soupe de vinaigre de cidre, 1 cuil. à café de sauce soja (on mélange), 2 cuil. à soupe de jus de fruits de la passion (on mélange), 1 cuil. à soupe d'huile de colza et 1 cuil. à soupe d'huile de sésame ou de sésame grillé (on mélange), 3 cuil. à soupe de lait de coco (on mélange).

• **La crémière** : 1 cuil. à soupe de vinaigre balsamique, 1 demi-yaourt, 1 grosse pincée de sel, (on mélange), 1 cuil. à café d'herbes de Provence, 1 cuil. à soupe de basilic haché, 1 gousse d'ail hachée finement (on mélange).

SAUCES CHAUDES : PRINCIPE ET RECETTES DE BASE

POUR ACCOMPAGNER UN POISSON, UNE VOLAILLE OU DES LÉGUMES

Beurre blanc, sauce curry, sauce crémeuse aux herbes, sauce vierge.

Un **beurre blanc** est assez facile à réaliser : on fait revenir 1 ou 2 échalotes hachées dans un peu de vinaigre jusqu'à ce qu'elles deviennent translucides. On retire le reste du vinaigre et on ajoute un verre de vin blanc sec. Ensuite, on incorpore petit à petit du beurre en petits morceaux et du sel (sauf si on utilise du beurre salé). On peut varier en ajoutant des épices, en remplaçant le beurre par de la crème…

Encore plus simple lorsqu'on a fait du poisson grillé : déglacer la poêle avec un peu d'eau et de citron, puis ajouter beurre et/ou crème pour une sauce onctueuse et rapide.

La **sauce vierge** est une sauce acidulée composée de dés de tomates, ail, citron et câpres.

POUR ACCOMPAGNER UNE VIANDE

Sauce aux oignons, **sauce échalotes**, **sauce poivre**…

Dans le cas des oignons ou des échalotes, on les coupe plus ou moins finement (on peut garder entiers les petits oignons nouveaux et échalotes, une fois épluchés) et on les place dans la casserole, le plat ou la cocotte en début de cuisson. Ainsi, ils vont cuire, s'imprégner des sucs de la viande et devenir fondants. En ce qui concerne le **poivre**, mis à part le poivre vert qu'on peut mettre en début de cuisson, il doit être ajouté en deuxième partie de cuisson si on utilise des grains entiers, et en toute fin de cuisson s'il est moulu. Ensuite, soit on verse de l'eau au fur et à mesure de la cuisson (et un peu de vin blanc pour amener une pointe d'acidité si on aime ça), soit on allonge la sauce en fin de cuisson avec de la crème ou du beurre pour une sauce crémeuse et onctueuse (mais plus grasse). On peut même alors **mixer** la sauce si on préfère une sauce épaisse mais fluide. Ou la laisser telle quelle si on apprécie de voir des morceaux d'oignon ou d'échalote, question de goût personnel.

POUR LES PÂTES

Pour les **pâtes**, les possibilités sont infinies. Une **sauce tomate** maison toute simple est une délicieuse option quand les tomates sont de saison, sinon mieux vaut utiliser des tomates surgelées ou de la purée de tomates. On fait revenir des oignons hachés dans un peu d'huile d'olive, puis on ajoute les tomates épluchées et coupées en morceaux. On assaisonne avec des herbes, du sel, on peut même ajouter une pointe de piment si on aime… Et après avoir laissé mijoter 30 minutes à 1 heure, on mixe bien. Et on goûte ! Si les tomates ne sont pas assez sucrées, on peut alors rajouter une petite cuillerée à café de sucre en poudre, mais chuuut !

Une **sauce aux légumes** pourra se faire sur la même base, mais on ne va pas mixer, on va garder les légumes en morceaux pour amener de la texture. Très bon avec courgettes, aubergines, poivrons… Mieux vaut toutefois cuire les légumes avant ; et pour les poivrons, bien les éplucher sinon c'est moins digeste. Quant au **pesto**, il se fait à base de **pignons de pin**, mais on peut l'adapter avec des **amandes**, des **pistaches**, des **noix de cajou**… Et pour la couleur, on peut remplacer le **basilic** (pesto vert) ou les **tomates séchées** (pesto rouge) par d'autres herbes ou légumes, selon son inspiration et ce qu'on a sous la main. Il est toutefois recommandé de garder l'huile d'olive, importante pour l'onctuosité et le goût de cette délicieuse sauce. La recette est simple : on mixe les pignons de pin (ou amandes, noix…), le basilic (ou tomates séchées, roquette, coriandre…), le parmesan (ou/et pecorino ou autre fromage sec), l'huile d'olive… mais pas trop pour conserver de la texture !

Dips : principe et recettes de base

Le dip, c'est le secret d'un apéro réussi et sain, car il permet de déguster de nombreux petits légumes trempés dedans.

Côté légumes : radis, lamelles de tomates ou tomates cerises, bâtonnets de carottes, de concombre ou de céleri, fleurettes de chou-fleur…

Côté sauces :

• Dip simple au **yaourt** : mélanger 1 yaourt nature, 1 cuil. à soupe d'huile d'olive, le jus d'½ citron, ½ bouquet de persil frais ciselé et 1 grosse pincée de sel.

ASSAISONNER

- Dip au **fromage blanc** : mélanger 20 cl de fromage blanc, 1 œuf dur émietté, 1 cuil. à soupe de moutarde, 1 bouquet de ciboulette, 1 grosse pincée de sel.
- Dip au **roquefort** : mélanger 20 cl de fromage blanc, 80 g de roquefort écrasé et 1 pincée de sel.
- **Tarama** comme un nuage : fouetter de la crème liquide bien froide et y mélanger délicatement un peu de tarama, quelques gouttes de citron et un peu d'aneth ciselé.
- Sauce aux **pois chiches** : mixer 1 boîte de pois chiches avec 1 yaourt à la grecque. Saler, poivrer. Ajouter ½ botte de coriandre hachée finement, bien mélanger. Présenter recouvert d'un filet d'huile d'olive.
- Dip **purple** (pour le jeu de mots et parce que c'est très bon) : mixer ½ betterave cuite avec du fromage de chèvre frais. Goûter et saler si besoin. Présenté décoré de ciboulette hachée.

BIEN UTILISER LES HERBES

Les herbes apportent du **goût**, des **vitamines** et de la **couleur**. Elles sont précieuses sur des **crudités** (surtout quand les légumes sont un peu fades), dans un **taboulé** (l'idéal étant le taboulé libanais, composé principalement de persil et non de blé) et royales dans une **salade verte** ! Quand on a commencé à ajouter des herbes dans sa salade (persil, ciboulette, menthe, estragon, aneth…), on peut difficilement revenir en arrière…

De même que les épices, les herbes n'apportent **pas de calories**, mais peuvent contenir des **principes actifs puissants** qui peuvent impacter la digestion et la santé en général (la plupart du temps favorablement, mais cela dépend des cas). On peut aussi en trouver sous forme **d'huiles essentielles**, très pratiques en cuisine, ou même de **cristaux d'huiles essentielles**. Avec des **plats cuits**, elles s'utilisent plutôt en cours ou en fin de cuisson, car elles sont plus fragiles que les épices. Ainsi, on peut saupoudrer de coriandre ou de persil un plat en sauce chaud. De même, dans une sauce tomate, on va ajouter le basilic assez tard dans la cuisson, si l'on ne veut pas altérer son goût.

> **EN PRATIQUE**
>
> Les herbes sont faciles à **congeler**, notamment déjà hachées, ce qui permet de les utiliser facilement et toute l'année (dans un bac à glaçons avec un peu d'eau, c'est hyper pratique).

Les herbes peuvent entrer dans de nombreuses préparations, comme les **vinaigrettes** et les **sauces**, mais aussi dans des **marinades**, aussi bien pour les poissons que les viandes.

Les fines herbes sont au poisson ce que le parmesan est aux pâtes : le **petit plus** qui fait **toute la différence**. La chair délicate et subtile du poisson gagne à être soulignée de saveurs aromatiques bien choisies afin de ne pas masquer son goût, le résultat étant la mise en valeur du produit.

Si les fines herbes sont très à l'aise dans les préparations salées, elles sont souvent oubliées lorsqu'il s'agit de préparer des **desserts**, exception faite de la menthe. Et si on osait des mélanges **plus audacieux ?** De nombreux restaurants mettent aujourd'hui les fines herbes à l'honneur dans leur carte de desserts : abricots rôtis au romarin, crème brûlée au thym, sorbet au basilic…

ASSAISONNER

> **EN PRATIQUE**
>
> Faites macérer des herbes fraîches dans de l'huile. Vous obtiendrez ainsi une délicieuse **huile parfumée** qui remplacera savoureusement les matières grasses dans vos gâteaux.

LES PRINCIPALES HERBES ET LEURS USAGES

AIL, OIGNON, ÉCHALOTE

• L'**ail** et l'échalote apprécient toutes les vinaigrettes, notamment celles à l'huile d'olive ou de noix. L'**ail** exprime pleinement sa saveur dans l'**aïoli** et relève la **rouille** qui accompagne la soupe de poisson.

• L'**ail** et l'**oignon** sont très utilisés dans la cuisine asiatique, notamment dans les recettes de **viandes**, de **légumes** ou de **nouilles sautées**.

• S'ils savent se faire doux et sucrés, c'est en entrée dans les **chutneys** et **confitures** qu'ils auront davantage leur place.

> **EN PRATIQUE**
>
> Les **marinades** peuvent varier à l'infini : échalote, oignon et ail peuvent servir de base, comme toutes les herbes et les épices. Elles s'utilisent pour parfumer des aliments avant de les cuire mais également pour parfumer des aliments crus. Les carpaccios et les tartares de viandes, de poissons et de légumes sont assaisonnés avec des marinades à base d'huile et d'herbes.

ANETH

• L'**aneth** confère de la **fraîcheur** aux préparations. Il est idéal pour le poisson.

• L'aneth est une herbe délicate qui s'abîme à la cuisson aussi est-elle de préférence utilisée à cru, dans les **marinades** ou pour parfumer les **poissons crus**. Le saumon dit « gravlax », spécialité des pays nordiques est mis à mariner plusieurs jours dans du sel avec de l'aneth. Un tartare ou un **carpaccio de poisson** s'accommode également bien avec l'aneth.

• Il s'exprime pleinement dans les vinaigrettes à base de moutarde douce, comme celle qui accompagne le saumon gravlax.

• Il se marie au citron et à la crème pour accompagner les plats de poisson, les poissons fumés ainsi que les légumes.

• L'**aneth** est utilisé dans la cuisine **thaïlandaise** spécialement pour parfumer les **poissons** et les **soupes**.

• Côté desserts, il apprécie les préparations à base de **laitages** auxquelles il insuffle un petit goût anisé bien agréable. Il apprécie également les **agrumes**.

🌱 BASILIC

• Le **basilic** ne s'utilise qu'à cru car la chaleur abîme ses feuilles.

• Il est l'ingrédient principal du **pesto**.

• Il aime les vinaigrettes à l'huile d'olive et au citron et parfume la sauce vierge (huile d'olive, tomate et ail), parfaite avec les poissons grillés.

• Le basilic est une herbe aromatique très puissante qui se marie bien avec les **poissons blancs** et les **poissons servis froids**. Une herbe à utiliser avec parcimonie.

• Dans la cuisine asiatique, le basilic est généralement utilisé pour **parfumer les viandes sautées**, notamment la **volaille** ou le **bœuf**.

• Côté sucré, infusé dans du lait froid ou des marinades, il souligne de sa saveur fraîche et légèrement citronnée les **fruits rouges**, les **abricots** et l'**ananas**.

ASSAISONNER

🔧 EN PRATIQUE 🍴

Une recette qui utilise du lait ? Faire au préalable macérer des herbes dans le lait froid durant 1 nuit, celui-ci sera alors délicatement parfumé.

✤ CERFEUIL

• Avec sa saveur très légèrement anisée, le **cerfeuil** accompagne les poissons à la chair délicate comme le **saint-pierre** et parfume agréablement les sauces qui accompagnent les **poissons blancs**.

• Un peu de cerfeuil sur une **soupe de poisson** ajoute une touche de raffinement.

✤ CIBOULETTE

• La **ciboulette** aime les sauces vinaigrettes à base de crème ou de yaourt.

• Elle parfume les sauces chaudes à base de crème et de beurre.

✤ CORIANDRE

• La coriandre apporte une **note asiatique** aux préparations.

• Fraîche, anisée et citronnée, la **coriandre** parfume les **marinades** des **poissons blancs**. Elle est indispensable pour les recettes de poisson venues d'**Asie**, notamment celles comprenant du **lait de coco**. Ajoutée au dernier moment sur un **curry de poisson**, elle souligne la chaleur du plat de sa saveur citronnée. La coriandre se marie également aux **poissons gras** comme le thon ou la sardine, surtout dans les préparations crues.

• Côté sucré, la **coriandre** aime les **fruits exotiques**, les **agrumes** ainsi que les desserts à base de **lait de coco** et d'épices.

✤ ESTRAGON

• L'**estragon** confère de la fraîcheur aux préparations. Il est idéal pour le poisson.

• L'estragon craint la chaleur aussi est-il principalement utilisé **cru** ou **ajouté au dernier moment** aux préparations chaudes. Associé à la crème, il souligne les poissons chauds, notamment le **turbot** ou le **saumon**.

• Il se marie aux vinaigrettes composées d'huile d'olive ou de crème.

• Il parfume notamment les sauces **tartares** et **béarnaises** qui accompagnent les volailles et les pièces de viande rouge. La **béarnaise** convient bien aussi aux **terrines de poissons** et aux **poissons froids**.

• Côté sucré, il se marie particulièrement bien avec l'**ananas** notamment lorsqu'il est légèrement revenu dans le **caramel**. Il apprécie également le **raisin**, le **melon** et les **agrumes**.

❦ Fenouil

• Le fenouil est l'herbe aromatique de référence pour farcir les **poissons grillés** ou les **poissons cuits au four**. La **dorade**, le **rouget** et le **loup** (qui est le nom méditerranéen du bar) se marient à merveille avec le fenouil.

❦ Laurier-sauce

• Il accompagne bien les **poissons cuits au four** comme la **lotte** ou la **dorade**. Comme le thym, il est indispensable aux **courts-bouillons** auxquels il donne du corps.

❦ Menthe

• La **menthe** apporte fraîcheur à la sauce **paloise** (base de sauce béarnaise dans laquelle la menthe se substitue à l'estragon).

• Dans la cuisine asiatique, la **menthe** parfume les **salades** et les **crudités** à l'exemple des **rouleaux de printemps** ou des **nems**. Elle est également utilisée dans les **soupes**.

ASSAISONNER

• Très décorative, elle orne les glaces, mousses, crèmes ou salades de fruits (et on a tendance à ne pas la manger, ce qui est dommage car elle aide la digestion).

• Elle aromatise parfois les sirops légers et se retrouve très souvent mariée au chocolat.

✤ OSEILLE

• La saveur citronnée de l'oseille lui confère une place de choix auprès des poissons. Outre le fameux **saumon à l'oseille**, elle fait merveille avec le **turbot** ou la **dorade**.

✤ PERSIL

• Le **persil** est un ingrédient essentiel de la sauce gribiche, une vinaigrette additionnée de condiments, d'œuf dur et d'herbes fraîches.

• Il côtoie le poisson dans la sauce au beurre dite « meunière » et agrémente de nombreuses sauces car son goût se marie aussi bien avec les viandes, les poissons, les légumes ou les céréales.

• Côté douceurs, il parfume les **pâtes**, les **fruits** et apprécie les **oléagineux** : noix, noisettes et amandes.

Le **taboulé libanais** est un bon exemple de l'utilisation d'une herbe comme ingrédient principal d'une recette : il s'agit d'une salade de persil plat où de gros bouquets d'herbes sont hachés puis mis à mariner avec du citron, de l'huile d'olive, de la tomate et une poignée de boulgour.

À partir de cette base, toutes les variations sont possibles en **remplaçant une partie du persil par d'autres herbes** : menthe, cerfeuil, ciboulette, coriandre…

✤ ROMARIN

• Sur du poisson, à utiliser en très petite quantité, car son parfum entêtant peut masquer le goût subtil du poisson.

• Le **romarin**, avec sa saveur chaude et intense, se marie harmonieusement avec les **fruits d'été** et les **agrumes** dont il souligne la fraîcheur. Il prête également son parfum aux **sirops de sucre**, **caramels** et autres douceurs.

EN PRATIQUE

Branches de thym ou de romarin se transforment en piques à brochette : les fruits n'en seront que plus savoureux et parfumés : fraises, abricots, pêches, poires… osez !

SAUGE

• Sur du poisson, à utiliser en très petite quantité, car son parfum entêtant peut masquer le goût subtil du poisson.

THYM

• Le thym, comme l'ail, libère des senteurs de Provence. Idéal pour le poisson.

• Un peu d'huile d'olive et de thym forment à eux seuls la plus simple des **marinades** : badigeonné sur des légumes ou des viandes, ce mélange leur confère un parfum estival.

• Il accompagne bien les **poissons cuits au four** comme la **lotte** ou la **dorade**. Comme le laurier, il est indispensable aux **courts-bouillons** auxquels il donne du corps. Il est en outre intéressant à marier à l'**omble**, poisson d'eau douce, dont la chair exhale naturellement un léger arôme de thym.

• Côté sucré, le **thym**, comme le **romarin**, se marie avec les **fruits d'été** et les **agrumes**. Il entre dans les **sirops de sucre**, **caramels** et autres douceurs.

EN PRATIQUE

Hachez du thym avec de l'ail, du gros sel et des écorces d'orange, ajoutez de l'huile d'olive, puis badigeonnez-en des morceaux d'agneau, du poulet ou des légumes avant la cuisson.

MARIER LES HERBES

À tester absolument : **remplacer la moitié de la salade verte par un mélange d'herbes** qui va totalement renouveler le concept et séduire même les plus réticents (enfants compris). Par exemple, on peut ajouter de l'aneth, de l'estragon, du cerfeuil, de la coriandre et du persil, ainsi que quelques feuilles de menthe ciselées, avec une vinaigrette à l'ail, au miel et à l'échalote. On peut ainsi imaginer des variantes selon les jours et les goûts de chacun.

Variez les assaisonnements, rajoutez des éclats d'**ail, d'oignon ou d'échalote** pour relever l'ensemble… laissez vos papilles guider votre imagination…

Voici quelques suggestions pour marier les herbes, les assaisonnements et les salades :

• aneth, estragon, crème épaisse, jus de citron avec une salade verte croquante type romaine

• estragon, échalote, huile d'olive et vinaigre de vin avec une feuille de chêne

• coriandre, ail, gingembre, huile de sésame, vinaigre de riz et sauce soja avec une salade de poulet froid

• menthe, persil, oignon, jus d'orange, vinaigre de xérès et huile d'olive avec une salade d'oranges

• ciboulette, huile de noix, vinaigre de cidre avec une salade au chèvre

• basilic, ail, huile de noix, jus de citron avec une salade de mozzarella

Très utilisées dans la **cuisine asiatique**, les herbes, broyées, hachées, parfument les **pâtes de curry**, les **chutneys** et les mélanges d'épices. Incorporées aux **farces**, elles se mêlent dans les **samosas**, les **beignets** et les **raviolis**. Elles parfument les **bouillons** et les nombreuses soupes consommées quotidiennement en Asie. Le **pho** est une soupe populaire à base de **bouillon de bœuf** et de **nouilles de riz** aromatisée avec des épices et des herbes, parmi lesquelles la **coriandre** et le **basilic**.

Bien utiliser les épices

Les épices s'utilisent souvent **dès le début de la préparation** d'un plat.

Certaines épices gagnent à être **chauffées avant utilisation** (notamment les épices en poudre et les mélanges d'épices de type curry ou colombo).

Pour un plat mijoté, on les fait chauffer dans un peu de matière grasse avant d'y ajouter les aliments à cuire. Pour des légumes ou des féculents, on peut les mettre dans l'eau de cuisson (le riz prendra un goût délicieux avec des gousses de cardamome, par exemple). On peut aussi les faire infuser dans un liquide (eau, lait, crème, bouillon…). Le safran, la plus chère des épices, doit infuser plusieurs heures au minimum avant utilisation du liquide utilisé, qui sera alors très parfumé. On fait aussi souvent infuser les gousses de vanille en pâtisserie pour parfumer du lait ou de la crème.

Attention à l'origine des épices ! Des épices peu chères ou d'origines incertaines peuvent poser des problèmes, car les contrôles ne sont pas si fréquents. Préférer des épices de bonne qualité.

EN SAVOIR PLUS

Vous êtes fous d'avaler ça ! Un industriel de l'agroalimentaire dénonce, Christophe Brusset, Flammarion, 2015.

Chaque épice s'utilise de manière différente.

• Les épices qui **supportent bien la cuisson** : gingembre, curcuma, galanga, curry (mélange d'épices), colombo (mélange d'épices), cardamome, badiane, cannelle, noix de muscade, maniguette, paprika.

• Les épices qui se font **infuser** : safran, vanille.

• Les épices qui s'utilisent **après la cuisson** ou sur du **cru** : poivre, baies roses, fève tonka, macis, sumac.

LES PRINCIPALES ÉPICES ET LEURS USAGES

❦ CANNELLE

• La **cannelle** est un **antioxydant** très puissant. Elle a aussi la propriété d'aider à la **régulation du taux de sucre** dans le sang et d'**abaisser les triglycérides**.

• On l'utilise dans de nombreux **desserts crémeux**, mais aussi dans des plats orientaux… Ou juste avec un thé ou un jus de fruit.

❦ CARDAMOME

• La **cardamome** est digestive, calmante, antiseptique.

• Elle donne une **saveur très prononcée** aux plats. On la trouve souvent dans le **riz cuit à l'indienne**, dans de nombreux **plats orientaux**, ainsi que dans le fameux **tchaï** (thé indien aux épices).

❦ CURCUMA

• Le **curcuma** est un **antioxydant surpuissant**, un anti-inflammatoire, bon pour le foie et le cœur, il est encore mieux assimilé si on l'utilise conjointement avec du **poivre**.

• Il **parfume peu** et **colore beaucoup**. À utiliser dans certaines **soupes** (notamment les soupes de carottes, de potiron, courge ou potimarron), avec les **poissons** et même dans des **vinaigrettes**.

🌶 GINGEMBRE

• Depuis l'Antiquité, le **gingembre** est utilisé contre les **nausées** et les **infections** ainsi que pour stimuler l'organisme.

• Il relève merveilleusement **soupes** ou **plats mijotés** et y **ajoute de l'acidité** (parfait pour les soupes un peu fades).

• Ne pas en abuser car il a un goût très puissant et peut gâcher un plat s'il est trop présent !

🌶 POIVRE

• Le **poivre** s'utilise toujours **en FIN de cuisson**, pour deux raisons. La première : s'il s'agit d'une cuisson à l'eau, le poivre agit comme une infusion et dégage de l'amertume (comme un thé que vous auriez laissé infuser 1 heure…). Deuxième raison : le poivre supporte mal les cuissons fortes (barbecue, grillade) et devient amer.

• La bonne méthode, c'est **le tour de moulin à poivre sur l'assiette juste avant de servir**. Ne jamais utiliser de poivre déjà moulu, ça n'a aucun goût.

🌶 SAFRAN

• Pistil d'une jolie fleur bleue, le *Crocus sativus*, le **safran** est **plus cher que l'or** au poids.

• Il aide à la **digestion** et serait **antidépresseur**.

• Sa saveur et son **pouvoir colorant** sont inimitables ! 0,3 gramme suffit par personne dans un plat et l'idéal est de **le faire infuser quelques heures à l'avance dans un liquide** pour qu'il libère tout son parfum.

• Délicieux dans un **plat mijoté**, dans une **soupe**, dans une **sauce pour poissons ou coquillages**, dans un **tagine**, un **risotto**, ou même dans une **glace**, une **crème** ou un **gâteau**.

• Attention à ne pas l'associer à trop d'autres herbes ou épices, sa saveur subtile pourrait s'en retrouver noyée au milieu des autres. Il se suffit souvent à lui-même.

• Surtout, **éviter de faire cuire le safran trop longtemps !** L'idéal est d'ajouter l'infusion de safran (pistils compris) dans le plat **en toute fin de cuisson**.

EN RÉSUMÉ

• Veiller à **ne pas trop saler**, et éviter les plats cuisinés industriels souvent trop salés.

• Pour l'assaisonnement, privilégiez des **huiles végétales riches en oméga 3**, de lin, cameline, colza, lesquelles ne doivent jamais être cuites.

• Une bonne **vinaigrette** doit respecter quatre éléments, dans un certain ordre : acide, salé, sucré et enfin gras.

• De nombreuses **sauces froides ou chaudes** peuvent accompagner les viandes, poissons et légumes.

• Pour un **apéro sain**, le **dip** permet de déguster de nombreux petits légumes trempés dedans.

• Pour donner du goût, **préférer les épices et les herbes fraîches au sel**.

• Les **herbes** s'utilisent plutôt en cours ou en fin de cuisson, car elles sont plus fragiles que les épices.

CHAPiTRE 7
Conserver

La conservation est depuis longtemps un enjeu majeur de santé publique, afin d'éviter les famines, d'alimenter les armées, les équipages de bateaux… Il existe donc de nombreuses techniques, qui présentent chacune des avantages et des inconvénients.

Dans tous les cas, il faut garder un œil critique et ne pas se fier aveuglément aux dates. Nos meilleurs atouts sont nos yeux et notre nez. Des centaines de milliers d'années d'évolution en ont fait des outils particulièrement adaptés pour repérer des aliments abîmés. Ne jamais manger un produit qui paraît suspect ou dont l'odeur est douteuse !

LES DATES DE CONSERVATION

Il y a deux dates indiquées sur les emballages :

• La **DLC** (Date Limite de Conservation), passée laquelle les produits ne peuvent plus être vendus et – en théorie – plus consommés. Dans les faits, si cette date est à respecter pour les viandes, elle peut être dépassée pour d'autres produits, notamment les yaourts (1 semaine) et les œufs (1 à 2 semaines sans problème).

• La **DDM** (Date Limite d'utilisation Optimale) qui remplace la DLUO (Date Limite d'utilisation Optimale) depuis 2014. Elle apparaît après la mention « À consommer de préférence avant le » : elle indique que les produits seront toujours consommables après cette date, mais qu'ils seront peut-être un peu moins bons et/ou que leur texture sera un peu moins fraîche (le produit risque d'être moins moelleux, moins croustillant, etc.).

CONSERVER AU FRAIS

C'est la solution la plus simple.

QUATRE POINTS IMPORTANTS DANS LA GESTION DU RÉFRIGÉRATEUR

1/ Ranger chaque aliment au bon endroit : un réfrigérateur comprend des zones froides, des zones moins froides et des zones intermédiaires (les modèles étant tous différents, il faut se référer à son mode d'emploi, que l'on peut retrouver facilement sur Internet si on l'a perdu).

2/ Nettoyer le réfrigérateur avec un produit **antibactérien** (naturel si possible, à base de vinaigre blanc par exemple) le plus souvent possible : toutes les semaines idéalement, tous les mois au minimum.

3/ Avant de placer des produits au réfrigérateur, **supprimer les suremballages** (sacs en plastique, en papier, packs en carton pour les yaourts, etc.), qui sont autant de potentielles **sources de contamination** (et prennent de la place).

4/ Ne pas mettre **n'importe quoi au réfrigérateur** (sauf si vraiment vous n'avez pas de place ailleurs !). Parmi les produits qui n'ont rien à y faire : pommes de terre, ail et oignons, tomates, aubergines, courges et courgettes, concombres, herbes fraîches (elles seront mieux la tige dans un verre d'eau, comme des fleurs), œufs (sauf si vous habitez aux États-Unis : les œufs y sont lavés et deviennent donc sensibles aux bactéries), miel, chocolat, pâte à tartiner, graines et noix (amandes, noix de cajou…), charcuterie sèche non entamée (saucissons, jambon cru entier), cornichons, avocats, tous les fruits (sauf lorsqu'ils sont entamés). Les autres légumes, viandes et poissons, produits laitiers, produits entamés, produits traiteur, vont tous au réfrigérateur.

Dans mon frigo...

PORTE
6°C À 8°C
Beurre, lait, jus de fruits ouverts, eau du robinet en carafe, bouteille de vin ouverte

PARTIE FROIDE
0°C À 4°C
Viande crue, poissons, coquillages et fruits de mer, préparations à base d'œufs crus, boîte de conserve ouverte, œufs durs...

PARTIE FRAÎCHE
4°C À 6°C
Préparation maison, pâtisserie, produits laitiers, fromages

BAC À LÉGUMES
8°C À 10°C
Légumes crus (non lav

Voici quelques durées de conservation au réfrigérateur…

PRODUIT	DURÉE DE CONSERVATION MAXIMALE
Viande crue sans emballage hermétique (achetée à la coupe) ou dans un emballage déjà ouvert	2 jours
Abats, saucisses fraîches, chair à saucisse ou viande hachée fraîche sans emballage hermétique	1 jour
Charcuterie sans emballage hermétique (achetée à la coupe) ou dans un emballage ouvert	4 jours
Poissons, coquillages et fruits de mer	2 jours maximum (selon fraîcheur)
Huîtres fermées (posées à plat)	5 jours
Viandes et charcuteries emballées	Jusqu'à la date mentionnée sur l'emballage

CONSERVER

Préparations à base d'œufs crus (tiramisu, mousse au chocolat…)	1 jour maximum, sauf la mayonnaise maison qui se garde 2 ou 3 jours (l'œuf est protégé par les particules de graisse)
Boîte de conserve ouverte	2 jours
Œufs durs	5 jours non écalés / 2 jours écalés
Préparation maison (légumes cuits, plat mijoté, etc.)	3 jours dans un récipient hermétiquement fermé (ou une assiette avec du film transparent)
Pâtisserie (à la crème et/ ou aux œufs)	3 jours
Produits laitiers (yaourts, fromage frais, crèmes desserts, crème fraîche)	Jusqu'à la date mentionnée sur l'emballage
Fromages	Jusqu'à 20 jours, selon la date mentionnée (ou l'apparence)
Beurre	Jusqu'à la date mentionnée sur l'emballage
Lait UHT ouvert	3 jours
Lait frais (non pasteurisé)	1 jour
Jus de fruits ouverts	5 jours
Eau du robinet en carafe	2 jours
Bouteille de vin ouverte	5 jours

Légumes crus	5 jours environ (en fonction de la fraîcheur)
Champignons (ATTENTION : ne pas les laver avant de mettre au frais ! Les conserver dans un sac en papier ou une barquette en carton)	4 jours (champignons de Paris) / 2 jours maximum (champignons de cueillette)

CONSERVER

EN PRATIQUE

Penser à **laisser de l'espace dans le réfrigérateur** afin que l'air circule ! Un frigo plein à craquer n'est jamais une bonne idée…

LES PRÉCAUTIONS À PRENDRE

Attention aux **yaourts dont l'opercule est bombé/gonflé** : soit on est à la montagne, et c'est juste la différence de pression, soit quelque chose a fermenté dans le yaourt et il faut le jeter. Petite exception à la règle qui veut qu'on ne mette pas de fruits au réfrigérateur : les **fruits rouges** (fraises, framboises, myr-tilles…) si on n'a pas prévu de les consommer rapidement. Ils vont perdre un peu en goût, mais ils risquent de s'abîmer très vite si on les laisse dehors (surtout par temps chaud).

EN PRATIQUE

Pour savoir si un œuf est encore consommable, il suffit de le **plonger dans un bol d'eau** : s'il coule, c'est qu'il est frais. Si sa pointe se relève, c'est qu'on peut encore le consommer cuit. S'il flotte, il faut le jeter.

Après ouverture, une **boîte de conserve** doit être enveloppée dans du **film alimentaire**, ou bien son contenu transféré dans un contenant qui ferme hermétiquement.

Pour les préparations **grasses** (sauces, viandes, crèmes…), si on utilise un film **plastique**, mieux vaut éviter qu'il touche la préparation, afin d'éviter les risques liés aux phtalates (voir chapitre 4, p. 163) et aux matières plastiques en général.

Dans l'idéal, mieux vaut **séparer les différents légumes dans le bac du réfrigérateur**, à l'aide de sacs en papier (ceux donnés au marché ou chez le maraîcher), ou de l'essuie-tout (qui peut être utilisé humide avec certains légumes ou avec les herbes fraîches). Certains légumes peuvent être **conservés assez longtemps** dans le bac à légumes : 2 semaines pour les différents types de choux, 3 semaines pour les betteraves cuites. Les légumes racines de type carotte et panais se gardent aussi assez longtemps pour peu qu'ils soient bien frais (sinon ils vont finir par ramollir), mais avec toujours une perte de nutriments avec le temps.

Congélation et surgélation

Les deux concepts de *congélation* et *surgélation* sont proches, mais leur différence tient dans la manière de faire : la **congélation** est un procédé **fait maison** alors que la **surgélation** est un procédé **industriel**.

La **surgélation** est en général réalisée à **très basse température** (– 30 °C minimum) **peu de temps après la cueillette** (pour les végétaux), **la pêche** (pour les poissons et fruits de mer) ou **l'abattage** (pour les viandes), ce qui permet de préserver au maximum les qualités des aliments.

La **congélation** est une bonne manière de **conserver des restes non consommés**, des produits qu'on ne va **pas utiliser immédiatement** et qui pourraient s'abîmer, ou tout simplement des produits qu'on veut pouvoir **décongeler quand on en a besoin** (sauce tomate, pain en tranches, viande hachée, cubes de bouillon ou de sauce en bacs à glaçons…).

AVANTAGES ET INCONVÉNIENTS DES PRODUITS SURGELÉS

Ils sont **très pratiques**. La surgélation offre la possibilité de consommer de nombreux **produits hors saison**. De plus, grâce à une surgélation rapide après la récolte, **les taux en nutriments et en vitamines** des fruits et légumes surgelés sont souvent **plus élevés que ceux de produits frais** qu'on aurait conservés un peu **trop longtemps**.

Attention néanmoins : tout comme les fruits et légumes frais, les fruits et légumes surgelés perdent leurs qualités (vitamines et nutriments) au cours du temps. Il ne faut donc **pas trop attendre** non plus avant de les consommer.

> **À RETENIR**
>
> De plus en plus de produits surgelés **bio** sont disponibles, ce qui a un **réel intérêt** pour éviter la surdose de pesticides dans notre alimentation.

COMMENT CONGELER ?

Attention : pour congeler, il faut un **congélateur** ayant **4 étoiles** : cela signifie qu'il peut descendre à – 24 °C.

Avant de procéder à une **congélation**, **bien se laver les mains**, car les bactéries et germes que l'on risque de transmettre aux aliments **continuent à se développer** (quoique très lentement) pendant le processus… Et surtout, on les **retrouve** lors de la **décongélation** !

Ne pas congeler des produits frais (viande, poisson, légumes, fruit) **dans leur emballage** (barquette, sachet ou autre) car cet emballage n'est en général pas prévu pour ça. Il faut transférer les aliments dans **un récipient adapté** à la **congélation** et à la **taille** de ce que l'on souhaite congeler.

Les plus courants sont les **sacs congélation**, mais on peut également utiliser des récipients en **Pyrex**® ou équivalent – l'idéal car le verre renforcé est parfaitement neutre et protège bien –, des récipients en plastique adaptés à la congélation, ou encore – pour les produits les moins sensibles (tranches de pain ou autres aliments très secs) – du papier sulfurisé, qu'on emballe à son tour dans du papier d'aluminium.

Attention, si on souhaite congeler un **produit un peu fragile** (tarte, gâteau, sablés) : éviter alors les sacs, car ils ont toutes les chances d'être mis en miettes lorsqu'on fait le vide d'air. Utiliser alors des contenants rigides !

Ne pas congeler d'aliments **trop proches de leur limite de consommation** (fruits ou légumes trop mûrs, DLC proche…), car non seulement la congélation va **dégrader leur texture**, mais les **bactéries** risquent de **continuer à se développer** pendant les 24 heures de démarrage du processus de congélation. Certains aliments **ne se congèlent pas**, car cela ruine leur **texture**, comme les **sauces montées** type **mayonnaise**, les **fromages à pâte molle** et les **fromages frais** (les produits riches en graisses se congèlent mal), tout ce qui est **frit**, les **crèmes épaisses** (pâtissière, chibouste, pralinée, flans…) et tout ce qui en contient, les **fruits et légumes très riches en eau** (pastèque, melon, pêche, concombre, tomate, salade…).

EN PRATIQUE

Organiser son congélateur par **type d'aliments** (une zone pour les desserts, une pour les plats préparés, une pour les légumes…).

L'idéal (pour les mieux organisés) est de **tenir à jour une liste des produits congelés** collée sur son congélateur (ou dans son téléphone).

Pour éviter le risque d'une **décongélation passagère inopinée** liée à une panne de courant, dont vous pourriez ne pas avoir eu connaissance (si le courant est remis avant que vous vous en aperceviez), il existe des **petits accessoires** qui changent de couleur en cas de décongélation. Il est dommage de jeter le contenu d'un congélateur, mais ça vaut toujours mieux qu'une gastro…

EN PRATIQUE

Prendre soin de son congélateur ! En principe, on doit le **dégivrer**, puis le nettoyer avec un produit antibactérien, 2 fois par an minimum, et idéalement **dès que la couche de glace dépasse 2 ou 3 mm**. Allez, avouez, qui y pense ? Et pourtant c'est nécessaire…

🥕 Congeler un plat cuisiné

Vous avez vu trop grand ? Ou bien vous avez cuisiné tout le week-end pour avoir de quoi manger rapidement pendant la semaine ? Très bonne idée. En revanche, **mieux vaut ne pas congeler un plat cuisiné industriel** ou un **plat acheté chez le traiteur**, car on ne maîtrise pas son historique.

Une fois le plat refroidi, le placer dans un contenant adapté, puis le mettre d'abord **au frais quelques heures** afin de **baisser sa température**. Et surtout, **ne pas oublier d'étiqueter**, pour éviter de se retrouver face à une pyramide de boîtes identiques aux contenus impossibles à identifier…

> À RETENIR
>
> Règle d'or : **ne jamais recongeler un produit décongelé**, sauf s'il y a eu une cuisson entre les deux.

Toujours **placer les plats les plus récents au fond** (et donc remettre en avant les plus anciens).

🥕 Congeler des légumes

Il faut d'abord procéder à une **première cuisson rapide** (3 ou 4 minutes maximum) à l'eau bouillante pour les « **blanchir** » : cela permet d'une part de retirer l'amertume de certains légumes (endives et autres) et d'atténuer le goût un peu fort de certains autres (chou, chou-fleur, brocolis…), d'autre part de les rendre plus digestes. Et surtout, cela les **prépare** pour la **congélation**. Ensuite, il faut les laisser « sécher » quelques minutes, soit laisser l'eau de cuisson résiduelle s'évaporer, puis les placer dans un contenant adapté.

🥕 Congeler des fruits

Les nettoyer à l'eau, puis bien les **sécher** avant de les placer dans leur contenant de congélation.

L'idéal est de **dénoyauter** les fruits et de les couper en **tranches** ou en **quartiers**.

Il faut choisir des **fruits mûrs**, mais ne pas congeler de fruits trop mûrs, qui s'oxyderaient alors trop rapidement lors de la décongélation, comme la banane.

Durées de conservation pour des congélations maison :

Aliment	Durée de congélation maximale
Fruits et légumes	10 à 12 mois, voire plus, mais les nutriments partent peu à peu
Viande blanche crue (porc, veau, poulet, lapin)	6 mois
Viande rouge crue ou gibier cru	8 mois
Viande hachée	3 mois
Plat cuisiné avec viande	3 mois
Plat cuisiné sans viande	4 à 5 mois
Poisson cru ou crustacés crus	3 mois
Gâteau, pizza, tarte	3 mois
Pain	2 mois

Décongélation

Il existe trois méthodes de décongélation :

• Placer l'aliment congelé au **réfrigérateur** (la veille au soir pour le lendemain, ça marche bien).

• Le décongeler au **cuit-vapeur** (qui doit posséder norma-lement une fonction décongélation).

• Le décongeler au four à **micro-ondes** (à faible puissance, sinon c'est de la cuisson !).

La **décongélation à température ambiante** est **rarement une bonne idée**, car le temps que le produit soit décongelé à cœur, sa partie extérieure voit se développer un festival de bactéries, ravies de sortir de l'hiver !

La conservation sous vide

Autrefois réservés aux professionnels, de plus en plus de sys-tèmes permettent aujourd'hui à tout le monde de conserver ses aliments sous vide : sacs, contenants plastique…

La mise sous vide a l'avantage de **ralentir très fortement l'oxydation** (normal, puisqu'il n'y a quasiment plus d'air) et de **diminuer le risque de moisissures**. C'est presque magique pour certains produits, les **fromages** notamment, et c'est très pratique pour les autres aliments, qui se conservent (toujours au frais) **2 à 3 fois plus longtemps**. En revanche, le vide d'air ne stoppe pas la prolifération de toutes les bactéries (certaines se développent même plus vite)… Alors, même sous vide, un aliment qui va au frais d'habitude doit **toujours aller au frais**. C'est aussi un bon moyen de **transporter des aliments pas trop fragiles lorsqu'on voyage** (saucisson sec, viandes séchées, fromages secs…).

Reste la question des **phtalates** et des **plastiques**, qui peut être problématique si la préparation contient beaucoup de graisses. Les contenants en **plastique dur** sont alors plus sûrs (car en général, plus un plastique est souple, plus il contient de phta-lates – voir chapitre 4, p. 163). Et, bien sûr, tout comme pour la congélation, une **hygiène impeccable** est indispensable lorsqu'on manipule les aliments et les contenants.

Durée de conservation sous vide :

ALIMENT	DURÉE DE CONSERVATION MAXIMALE SOUS VIDE AU RÉFRIGÉRATEUR
Fruits et légumes crus	10 à 15 jours
Viande blanche crue (porc, veau, poulet, lapin)	8 jours
Viande rouge crue ou gibier cru	9 jours
Viande hachée	2 jours
Charcuterie cuite	8 jours
Charcuterie crue	15 jours
Fromage	60 jours
Plat cuisiné avec viande ou poisson	10 jours
Plat cuisiné sans viande	15 jours
Poisson cru ou crustacés crus	4 jours
Gâteau	8 jours
Foie gras, pâté ou terrine	25 jours

CONSERVER

Notons qu'on peut tout à fait **emballer sous vide et mettre au congélateur** (vérifier la compatibilité des contenants avec la congélation). On atteint alors des durées de conservation

impressionnantes : 2 ans pour les fruits et légumes, 1 an pour la viande et le poisson.

Cerise sur le gâteau… Une **machine d'emballage sous vide** permet de faire une **marinade rapide** : le vide d'air facilite l'absorption de la marinade par l'aliment ! Il faut quand même faire deux ou trois mises sous vide, mais c'est bien pratique quand on est pressé…

Dernier avantage : avec la conservation sous vide, il y a **beaucoup moins de problèmes d'odeurs**…

LES CONSERVES

La **mise en conserve** ou « appertisation » (du nom de Nicolas Appert, l'inventeur du procédé en 1795) consiste à placer des aliments dans un récipient hermétiquement fermé et à le **stériliser** (à une température supérieure à 100 °C – dans les cas des conserves, on chauffe à plus de 115 °C) afin d'en éliminer toutes les bactéries et autres germes potentiellement dangereux. On peut ainsi conserver de la nourriture pendant **plusieurs années**. Afin d'éviter la migration de métaux lourds depuis la boîte vers son contenant, l'intérieur des conserves est recouvert d'un **vernis isolant**. Après la découverte de la nocivité du bisphénol A, ce vernis ne contient plus ce composé organique et il n'y a donc *a priori* plus de risque de contamination des aliments.

Il faut cependant bien veiller à **ne pas consommer une boîte de conserve endommagée ou déformée**, car le vernis pourrait alors s'être dégradé et les aliments pourraient être en contact avec le métal, augmentant fortement le risque de migration de métaux lourds dans les aliments.

RÉALISER UNE CONSERVE MAISON

Il existe plusieurs méthodes, mais le principe reste le même : stérilisation des contenants (bocaux en verre pour des conserves maison), préparation de l'aliment, mise de l'aliment dans le contenant, fermeture (étanche grâce à un joint en caoutchouc), **stérilisation par chauffage** (au stérilisateur, à l'autocuiseur ou au faitout comme nos grands-mères).

❧ LES AUTRES CONSERVES...

• La **conservation au vinaigre** est adaptée à des produits dont le goût va en grande partie provenir du vinaigre (cornichons, câpres, oignons…). Grâce à son acidité, le vinaigre empêche le développement des bactéries.

• La **conservation au sucre** est bien adaptée aux aliments déjà sucrés, notamment les fruits (fruits confits, pâtes de fruits, confitures, fruits au sirop…), mais nous fait consommer beaucoup de sucre alors que nous en absorbons souvent déjà beaucoup trop.

• La **conservation à l'huile** permet de conserver notamment des légumes, en les aromatisant grâce à des herbes (thym, romarin, sarriette…) ou des épices (piment, vanille…). Cerise sur le gâteau : on dispose ainsi d'une huile parfumée agréable à consommer (en assaisonnement ou en cuisson, selon le type d'huile utilisé – voir chapitre 2, p. 64).

• La **conservation dans l'alcool** se fait principalement pour les fruits, avec l'ajout d'un peu de sucre. Mais encore plus que le sucre et le sel, l'alcool est à consommer avec modération.

• La **conservation au sel**, grâce aux propriétés antibactériennes du sel ou de l'eau salée, est certainement la plus ancienne. C'est comme cela qu'on fait notamment les délicieux citrons confits qu'on retrouve dans les tajines (il suffit de laisser mariner 24 heures les rondelles des citrons entre des couches de gros sel, puis de les conserver au moins 15 jours dans de l'huile d'olive en bocal fermé).

• La **salaison** consiste à conserver dans le sel viandes et poissons principalement. Le **saumurage** est une variante de cette méthode qui utilise de l'eau salée (la saumure). Ces méthodes sont efficaces, mais ont l'inconvénient de nous faire consommer **beaucoup de sel** alors qu'on en consomme déjà **trop**.

SÉCHAGE ET FUMAGE

Le principe de **séchage**, ou **déshydratation**, existe depuis des millénaires : **faire partir l'eau des aliments** (légumes, fruits, poissons, viandes) par évaporation au soleil ou dans un four à basse température. On peut par exemple préparer des tomates séchées : on enlève leur peau (avec un épluche-tomates ou après les avoir ébouillantées 1 minute), on les coupe et on les dispose sur la plaque du four, où elles vont se dessécher à basse température (90-100 °C) pendant 2 ou 3 heures.

La durée de conservation des aliments est ainsi **très fortement prolongée**, car les bactéries ont avant tout besoin d'eau pour proliférer (alors que certaines bactéries peuvent se passer d'air).

Les produits **déshydratés** sont intéressants car les vitamines, les nutriments, et surtout les enzymes qui aident à leur digestion ne sont pas détruits lorsqu'on reste en dessous de 46 °C.

De plus, les aliments **perdent en volume et en poids**, ce qui les rend faciles à stocker (dans un contenant hermétique et dans un endroit sec) et à transporter.

C'est aussi une technique assez facile, car tous les fours modernes proposent aujourd'hui une fonction basse température.

Le **fumage** permet de donner du goût aux aliments (goût qui peut varier en fonction du bois utilisé) tout en améliorant considérablement leur conservation, sous l'effet de la déshydratation et du caractère antiseptique de la fumée. Le problème de cette technique est le risque de **présence de HAP** (Hydrocarbures Aromatiques Polycycliques), dégagés lors du fumage ou d'une cuisson trop forte au barbecue. Mieux vaudrait donc **limiter l'ingestion de produits fumés** (et faire attention lors de barbecues, voir chapitre 5, p. 181).

Attention également aux produits fumés via des « arômes fumés » : bien lire la liste des ingrédients (voir chapitre 4, p. 153).

Dans les placards...

Ce n'est pas parce qu'un produit n'est pas « fragile » qu'il ne doit pas être conservé correctement.

Les **céréales** (blé, riz, quinoa…), la **farine**, les **noix**, les **graines**, les épices et les **produits déshydratés** (fruits, herbes) doivent être stockés dans des **récipients fermés** (suffisamment pour les protéger des insectes) **mais non hermétiques**, car il faut que l'air circule pour éviter la moisissure. En revanche, il faut éviter d'**exposer les produits à la lumière**. En ce sens, les **boîtes en métal** sont idéales.

Si l'on veut garder des produits en sachets plastique, il s'agit alors de bien les fermer avec des pinces, à linge ou autres, sinon ils risquent d'accueillir des « hôtes » peu agréables, comme les **mites alimentaires** (et alors bon courage pour s'en débarrasser !).

Certains produits ne se périment quasiment pas : on peut garder du **riz** ou des **pâtes** 2 ou 3 ans, des **conserves** 4 ou 5 ans, du **lait en poudre** plus de 20 ans, du **sel** et du **sucre** 30 ou 40 ans, et du **miel** (de bonne qualité) indéfiniment.

EN RÉSUMÉ

- Il existe de nombreuses **techniques de conservation**, qui présentent chacune des avantages et des inconvénients.

- Il y a deux dates indiquées sur les emballages : la **DLC** est la date limite de consommation, la **DDM**, la date de durabilité minimale.

- Dans tous les cas, il faut **garder un œil critique** et **ne pas se fier aveuglément aux dates**.

- Ne jamais manger un produit qui paraît suspect ou dont l'odeur est douteuse !

- **Conserver au frais** reste la solution la plus simple, en respectant bien les règles de rangement dans le réfrigérateur.

- La **congélation** est un procédé fait maison alors que la surgélation est un procédé industriel.

CHAPiTRE 8

Prévenir ou gérer les problèmes de santé courants

Le lien entre alimentation et santé étant très étroit, le moindre petit problème trouve souvent sa résolution dans notre assiette… Ce qui est plutôt une bonne nouvelle ! Dites-nous de quoi vous souffrez au quotidien, nous vous dirons dans ce chapitre ce qu'un rééquilibrage alimentaire peut faire pour vous…

CARENCES

On n'y pense pas forcément, alors qu'elles constituent une cause fréquente de problèmes, car on met souvent **beaucoup de temps à les détecter**. On peut résoudre des carences ponctuelles en suivant une cure en compléments alimentaires, mais une alimentation équilibrée permet normalement de profiter de tous les minéraux – fer, cuivre, magnésium, sélénium, zinc et autres – sans en manquer.

Attention : les risques de carences touchent particulièrement les **femmes enceintes** qui ont besoin des **minéraux** (du fer notamment) pour la « construction » de leur bébé.

Pour toutes les carences en minéraux, une cause peut être également une intoxication à l'**acide phytique**, que l'on trouve en quantité dans les **céréales complètes**, et notamment le **pain complet** (sauf le pain au levain, voir chapitre 4, p. 147).

LA CARENCE EN FER

Une **carence en fer** provoque de l'anémie et donc une grosse **fatigue chronique** – plus fréquente chez les femmes du fait des menstruations.

Il y a énormément de fer dans la **viande rouge** (voir chapitre 2, p. 38), dans le **boudin noir**, dans les **abats** (le foie, notamment), mais aussi dans les **coquillages**, certains **poissons** (thon, maquereau), certaines herbes comme le **persil**, le **thym** ou la **coriandre**, les **légumineuses**, les **algues**, le **cacao**, et certaines épices comme le **cumin**, le **gingembre** ou le **curry** (qui est un mélange d'épices).

Attention, des aliments peuvent **perturber l'assimilation du fer**, comme le **thé** ou les **produits laitiers**. Si on veut refaire ses réserves de fer, mieux éviter ces aliments au moment des repas ! La carence en fer est souvent conjuguée à une **carence en cuivre** (car le cuivre facilite l'absorption du fer), elle-même facteur d'**anémie** et d'**ostéoporose**. On trouve du cuivre dans le foie, les huîtres, le chocolat noir, les noix, les pommes de terre.

LA CARENCE EN MAGNÉSIUM

Une **carence en magnésium**, hélas très courante, est source de **tremblements** et **troubles musculaires** variés, de **troubles de l'humeur**, de **baisses de moral**, de **migraines** et autres symptômes désagréables…

On trouve du magnésium dans les **légumes verts**, dans les **oléagineux** (amandes, noisettes et autres noix), le **sésame**, les **légumineuses**, les **céréales complètes** (à choisir bio), dans les **eaux minérales riches en magnésium**, dans certains **poissons gras** (saumon, maquereau, flétan) dans le **chocolat** (noir de préférence).

> **IDÉE REÇUE**
>
> Contrairement à la légende, les épinards ne contiennent pas spécialement beaucoup de fer, mais beaucoup de magnésium !

LA CARENCE EN ZINC

Une **carence en zinc** peut entraîner des problèmes d'immunité, de peau, de fertilité, des chutes de cheveux, des troubles du goût et de l'odorat, ainsi que – chez l'enfant – des retards de croissance.

On trouve du zinc en quantité dans **les fruits de mer** (les huîtres notamment), la viande, les œufs, les **légumes**, le **foie**, ou encore les **fruits secs**.

La carence en sélénium

Une **carence en sélénium** peut entraîner une peau sèche, une fatigue chronique, une baisse d'immunité, ou encore des problèmes cardio-vasculaires.

On trouve du sélénium dans la **viande**, les **abats**, les **fruits de mer**, les œufs, les **légumes** (mais cela dépend alors du taux de sélénium des sols dans lesquels ils ont poussé), et les **noix du Brésil**, qui constituent une source particulièrement importante de sélénium (et sont parfaites pour un en-cas).

Déshydratation

La déshydratation est un problème très courant, qui peut avoir de graves conséquences. Notre organisme étant composé à 60 % d'eau, il est essentiel de compenser les pertes d'eau naturelles au fil de la journée. On recommande généralement à un adulte de boire en moyenne 1,5 litre d'eau par jour… Mais attention à ne pas boire trop non plus, surtout si l'on a de la tension.

Quand faut-il boire ?

- **Quand on a soif**, car c'est le premier signe de déshydratation.
- **Avant de faire du sport**, boire beaucoup, car pendant, on n'y pense pas toujours.
- **Quand on transpire**, pour renouveler le stock d'eau de l'organisme.

Les signes de déshydratation :
- **On a soif !** Et plus on a soif, plus il est urgent de boire !
- Des **maux de tête**.
- Des crampes. Notamment quand on fait du sport et qu'on transpire beaucoup, on perd de l'eau et du sodium, ce qui peut provoquer des contractions musculaires involontaires, c'est-à-dire des crampes.
- On a du mal à se concentrer, on devient irritable. La déshydratation freine le fonctionnement du cerveau.
- **La pression sanguine baisse**, ce qui peut créer des vertiges lorsqu'on se lève brusquement.
- La **peau** est **sèche** et **froide**.

Ce qu'il faut faire :
- **Boire** (de l'eau ou de l'eau sucrée).
- **S'allonger**, **se rafraîchir** avec des serviettes humides.
- Pour un enfant en bas âge ou un nourrisson : lui donner **des solutions de réhydratation orales** (SRO, vendues en pharmacie) qu'il prendra facilement.
- En cas de **déshydratation sévère**, la personne doit être **hospitalisée** pour avoir une perfusion de sels minéraux.
- Attention au thé et au café, qui sont des diurétiques et ont donc un effet déshydratant. Penser à les accompagner d'un verre d'eau.
- Les appartements trop chauds contribuent également à déshydrater l'organisme. Veiller à ne pas rester sans boire dans une pièce surchauffée.

FRINGALES ET HYPOGLYCÉMIE

Une fringale, d'où ça vient ? En général d'un problème d'équilibre alimentaire (trop de choses à tel repas, pas assez à tel autre, et surtout un mauvais choix de nutriments lors des repas). Le cas le plus courant est la **fringale de 10/11 heures du matin** lorsqu'on a pris son **petit déjeuner trop tôt**, qu'il n'était **pas assez copieux**, ou qu'il était **trop sucré**.

Il peut être intéressant de prendre au petit déjeuner **moins de sucres simples** (aliments sucrés), **plus de sucres complexes** (pain, céréales…), mais aussi plus de **protéines** et de **matières grasses** (œufs, beurre, viandes, fromage, yaourt…).

De la même manière, la fringale de l'après-midi est souvent due à un **déjeuner pas assez copieux** ou **déséquilibré** (beaucoup d'aliments à index glycémique élevé : pain, féculents, gâteaux). Il est conseillé de consommer **plus de fibres le midi** à travers des **légumes** et/ou des **légumineuses** et **moins d'aliments sucrés** (desserts) et de **féculents** (pain, riz, pâtes, pommes de terre). Si on prend des féculents, les préférer complets, et donc bio. Évidemment, c'est plus difficile quand on mange à l'extérieur…

Un autre bon réflexe est de **boire de l'eau régulièrement**, ce qui diminue la sensation de faim (voir chapitre 1, p. 18).

> **À RETENIR**
>
> Une habitude importante à adopter : **prendre le temps de manger lors des repas**, bien mastiquer. On conseille de mâcher chaque bouchée **au moins 20 fois**.

Une fringale n'est pas forcément une **hypoglycémie**… On parle d'hypoglycémie quand il y a chute du taux de sucre dans le sang, ce qui donne une brusque impression de fatigue… L'hypoglycémie est en général consécutive à une **hyperglycémie**, soit une montée du taux de sucre dans le sang, qui génère un pic d'insuline pour le réguler, conduisant alors à une baisse importante de ce taux de sucre, donc à une **fatigue soudaine**. Pour éviter l'hypoglycémie, il faut donc éviter l'hyperglycémie, et donc éviter de manger trop de sucres simples (aliments sucrés). Pire que tout : les **boissons sucrées** (jus de fruits, sodas, cafés ou thés sucrés), qui sont le meilleur moyen d'avoir une hypoglycémie dans les deux heures qui suivent, surtout si on les prend en dehors des repas ! (Voir chapitre 2, p. 66.)

Alors, que manger lors d'une fringale ou d'une hypoglycémie ?

Surtout pas d'aliments sucrés (sauf des fruits), qui entraîneraient un nouveau pic de glycémie, puis une nouvelle chute de glycémie dans la foulée.

On peut opter pour :

• Un **fruit** un peu consistant : une pomme (à croquer avec la peau si elle est bio), une **banane** (surtout si l'on a mangé très salé, son potassium va aider à compenser le sodium) ou tout autre **fruit de saison** qu'on a sous la main.

• Des **graines** ou des **noix** : pleines de bons nutriments et rassasiantes grâce à leurs (bonnes) graisses. Les déguster non salées de préférence.

• Pourquoi pas, pour les amateurs, des **petites crudités** à grignoter (bâtonnets de carotte, radis, fleurettes de chou-fleur…), bien rassasiantes grâce à leurs fibres.

Manque d'appétit

Une **perte d'appétit soudaine** peut être le signal qu'on est **malade** (grippe, angine ou autre maladie microbienne ou bactérienne) et que le corps « désactive » l'appétit pour ne plus avoir à gérer la digestion et **se concentrer sur la lutte contre la maladie**.

Le fait de mâchouiller un chewing-gum peut perturber l'appétit *via* l'envoi de messages erronés au cerveau (et donner plus faim ou moins faim que la normale – voir chapitre 1, p. 18).

Cela peut être un symptôme de **dépression**, comme toute perte d'intérêt pour ce qui peut générer du plaisir.

Le manque d'appétit peut aussi être lié à une **montée de stress** : l'adrénaline concentre le sang vers les organes vitaux que sont le cerveau, le cœur et les muscles, mettant de côté le système digestif.

Certains **médicaments** peuvent influencer l'envie de manger, dans un sens comme dans l'autre.

Lors de certaines **maladies plus graves** touchant le système digestif (appendicite, occlusion intestinale, maladie de Crohn), l'intestin se met « hors service » et indique au cerveau de stopper l'alimentation.

Le **cancer** et la **chimiothérapie** peuvent perturber les sens et donc couper l'appétit (certains considèrent d'ailleurs qu'il est intéressant de jeûner pendant une chimiothérapie, notamment car cela diminuerait les effets secondaires, c'est évidemment quelque chose qui se décide avec ses médecins traitants avant toute mise en œuvre).

Petites maladies

Les **rhumes**, **otites**, **laryngites** et autres **problèmes ORL** sont en général liés à des virus, qui font partie de notre environnement quotidien, mais auxquels notre organisme risque d'être plus sensible du fait de plusieurs facteurs :

• Le **froid** ou les **fortes variations de température**, qui demandent un effort supplémentaire à notre organisme. Il suffit de bien se couvrir en hiver et d'éviter trop de clim en été.

• **L'état de la flore intestinale**, qui constitue la pierre angulaire de notre immunité. La prise de probiotiques aide à maintenir son équilibre (voir chapitre 1, p. 29).

• Selon certains, **l'inflammation de l'organisme** à cause d'une **alimentation trop acidifiante** (sucres et boissons sucrées, pain blanc, viande, protéines animales…). Pour la combattre, il est souvent conseillé de consommer **plus de**

légumes et, pourquoi pas, de faire une **petite cure d'eau chaude citronnée** le matin au réveil (pendant 1 à 2 semaines), car le citron est alcalinisant (et non acidifiant, contrairement aux apparences !).

Toutes ces petites maladies peuvent être renforcées par la présence « massive » du virus autour de nous (enfants, amis porteurs du virus) : **bien se laver les mains** – premier facteur de transmission – réduit les risques.

EN PRATIQUE

Que faire lorsqu'on est déjà malade ?

Au-delà des médicaments disponibles sans ordonnance (dont *60 Millions de consommateurs* a révélé que certains pouvaient représenter des risques et d'autres être totalement inefficaces en dehors de l'effet placebo), il existe bon nombre de **solutions naturelles** qui peuvent aider. Attention tout de même, car les substances naturelles contiennent des principes actifs ! Toujours demander conseil à un professionnel de santé.

• Les **inhalations** aux **huiles essentielles** (eucalyptus, myrte, pin) aident à évacuer les virus et à dégager les voies ORL.

• La **propolis** aide à lutter contre les virus, les bactéries et l'inflammation.

• Le **chlorure de magnésium**, à diluer dans de l'eau, est détoxifiant.

• Après chaque repas, une bonne tisane de **camomille** aura un rôle expectorant.

• Et surtout, **manger moins** (surtout le soir) et **se coucher tôt** pour laisser au corps de l'énergie afin de lutter contre les virus.

Problèmes de peau

Globalement, les acides gras de type **oméga 3** sont les meilleurs amis de notre peau. Huile de lin, huile d'onagre, en salade ou en capsules, aident notre épiderme à garder souplesse et élasticité. Les **rides et ridules** sont principalement dues au **vieillissement de la peau**, notamment à son **dessèchement**. Quels sont les coupables ? Le soleil, bien sûr… Mais aussi les facteurs internes, tels que la **déshydratation** (voir p. 252).

La **peau sèche** peut également être liée à une trop grande consommation d'alcool (via la déshydratation). Mais un autre facteur peut rentrer en jeu : une **alimentation trop salée** (avec notamment beaucoup de fromage, de charcuterie, d'aliments industriels, ou encore de sauces type soja), qui peut non seulement **dessécher la peau**, mais aussi provoquer de la **rétention d'eau** et **faire gonfler les tissus** (on le voit parfois le matin dans le miroir après un dîner trop riche en sel).

Les **yeux cernés**, les **poches** peuvent également être le signe d'un **manque d'eau**. Il faut veiller à **boire** autant que nécessaire. En complément, un petit **massage** (ou automassage) autour des yeux peut faire beaucoup de bien.

De nombreux cas d'**eczéma** semblent s'améliorer en diminuant drastiquement les protéines animales (viandes, produits laitiers). D'une manière générale, c'est aussi recommandé si l'on a la **peau trop grasse**.

Pour lutter contre **petits boutons** qui fleurissent sur notre peau alors même qu'on a passé la puberté depuis longtemps (ou pas, ces conseils sont valables pour les adolescents aussi)… plutôt que d'investir en pommades et produits chimiques, peut-être faut-il juste essayer de **diminuer les doses d'aliments à indice glycémique élevé**, tels que le **pain** (surtout le pain de mie), les **pâtes**, le **riz**, les **pommes de terre**… et bien entendu **tous les aliments sucrés** (bonbons, gâteaux, confitures et autres…).

Problèmes dentaires

La **carie** est provoquée par des **bactéries** qui produisent de l'acide, lequel **creuse un trou dans la dent**, pouvant arriver à la dentine, puis à la pulpe (et là, ça fait mal !).

Les bactéries se nourrissent des **sucres simples** (aliments sucrés – voir chapitre 2, p. 68), mais les dernières études montrent que plusieurs facteurs sont en jeu, car il en va de la bouche comme des intestins : chaque bouche abrite une « flore bactérienne » qui peut être équilibrée ou non. Et c'est le déséquilibre de cette flore qui favoriserait les caries, avec comme facteurs déclencheurs tout ce qui peut augmenter l'acidité de la bouche : aliments acides, mauvaise hygiène buccale, et même le stress. Le patrimoine génétique serait aussi déterminant.

Toujours est-il que les hommes préhistoriques et même les Romains n'avaient **pas de caries** ! On l'a découvert à travers l'analyse des restes de 30 personnes, figés dans le temps lors de l'éruption de Pompéi.

En pratique, mieux vaut bien sûr éviter de grignoter des aliments sucrés de manière récurrente et se laver les dents régulièrement… Mais il est souvent recommandé aussi d'éviter les boissons trop acides (même sans sucre) et de faire **détartrer** ses dents régulièrement (car le tartre augmente l'acidité de la bouche).

La consommation répétée de boissons sucrées est un facteur particulièrement important de caries, surtout chez les enfants.

Problèmes liés au système digestif

Ballonnements et gaz

Ils perturbent notre digestion et peuvent parfois se révéler gênants en société… Bref, **ils nous gonflent !**

Les ballonnements sont principalement dus à l'émission de gaz par le procédé de fermentation de certains aliments dans l'intestin (fruits, légumes secs, féculents), mais ils peuvent aussi provenir de **certaines boissons** (eau gazeuse, soda, bière, champagne), de la **mastication fréquente de chewing-gums** (d'autant que les chewing-gums sans sucre contiennent en général des polyols qui peuvent créer des gaz), ou encore du simple fait d'avoir **mangé des fruits frais en fin de repas** (voir chapitre 3, p. 112).

D'autres causes des ballonnements peuvent être le **tabac**, le **stress**, ainsi que certains **médicaments**. Les **femmes enceintes** sont en général plus sensibles aux ballonnements.

Trop de ballonnements peuvent être le signe d'un régime trop riche en fruits ou en légumineuses, ou encore d'un problème d'équilibre de la flore intestinale. Lorsqu'on est sujet à ce type de problème, il est recommandé de diminuer la consommation de certains aliments, notamment les fameux FODMAP (voir chapitre 2, p. 47). On peut citer : les **haricots en grains**, les légumineuses en général (ou alors bien les faire tremper avant), les asperges, les oignons et échalotes, les artichauts, les choux de tous types, les bananes, les fruits secs (pruneaux notamment), les fruits type cerises ou prunes, le pain et les féculents en général (pommes de terre, riz, pâtes), les produits allégés (ils contiennent parfois des fibres à base d'artichaut), les aliments riches en fructose (sirop d'agave et autres), ainsi que les jus de fruits.

À l'inverse, en cas de **ballonnements**, certains aliments sont nos amis, comme le **fenouil** et l'**anis**. De même, mieux vaut privilégier des **aliments cuits** plutôt que des **crudités**, du **pain grillé** plutôt que **frais** (surtout si c'est du pain de mie), et terminer le repas par une bonne **infusion de menthe**, de **mélisse**, de **thym**, de **fenouil** ou de **camomille**.

En cas de grosse crise, le **charbon actif** peut se révéler assez efficace (en vente en magasin bio ou en pharmacie) et sans les effets secondaires des médicaments.

BRÛLURES D'ESTOMAC ET REMONTÉES ACIDES

Quand l'**estomac** n'est **pas content**, il trouve les moyens de le faire savoir… La remontée dans l'œsophage d'un extrait du contenu de votre estomac (aliments + acide chlorhydrique ou bile) est extrêmement désagréable.

Parmi les **principales causes** de mécontentement de l'estomac, citons les **repas trop copieux** et/ou **trop gras** (pour être digéré, le gras demande à l'estomac une forte production de substances acides, qui peuvent agresser l'estomac et le tube digestif), le **stress** (qui peut rendre temporairement moins efficace le sphincter « cardia », situé entre l'œsophage et l'estomac), le **tabac**, l'**alcool**, le **surpoids**, **certaines positions du corps** (dans le cadre d'activités sportives où l'on se penche en avant, lorsqu'on jardine ou qu'on bricole, ou tout simplement la position couchée, pendant le sommeil), la prise de certains **médicaments**, le fait de **boire trop chaud**, ou encore le fait de **manger trop tard le soir** (juste avant de se coucher).

En cas de **reflux**, mieux vaut éviter les aliments gras (viandes, charcuteries, fritures, sauces, fromages…), les aliments **acides** (tomates, oranges, pamplemousse, vinaigre, vins et alcools), les épices (piment, wasabi, moutarde), les aliments **fermentés** (choucroute et autres), le **pain**, les **gâteaux**, les aliments **riches en levain ou levure**, les **boissons gazeuses**, la **menthe**.

À l'inverse, **privilégier les fruits et légumes** (notamment courgettes, haricots verts, carottes, fenouil, endives, aubergines, salades) et les aliments **riches en calcium** (hormis le lait qui est gras et risque de renforcer l'acidité).

PRÉVENIR OU GÉRER LES PROBLÈMES DE SANTÉ COURANTS

> 🔧 **EN PRATIQUE**
>
> Si vous avez un repas copieux, buvez **plus d'eau que de vin** (au moins 2 fois plus !) et **prenez le temps de mastiquer** !

INTOXICATION ALIMENTAIRE ET GASTRO-ENTÉRITE

L'intoxication alimentaire et la gastro-entérite peuvent avoir différentes causes :

• l'absorption d'un aliment infecté par des **toxines** produites par certaines **bactéries** (les plus courantes sont la salmonelle, le staphylocoque doré et *l'Escherichia coli*) qui ont proliféré souvent du fait d'une **mauvaise conservation** de cet aliment. C'est de loin le cas le plus courant et la période d'incubation (délai entre contamination et symptômes) est de quelques heures ;

• la contamination par un **virus** (de type norovirus, ou rota-virus chez l'enfant), dont on entend souvent parler lors des fameuses épidémies saisonnières de grippe intestinale ou de gastro-entérite. La période d'incubation va de 1 à 3 jours. Cette cause représente environ le tiers des intoxications alimentaires pour les pays développés ;

• l'absorption de **substances dangereuses** : produits chimiques de type pesticides, insecticides ou autres, métaux lourds, ou encore toxines naturelles (par exemple, celles présentes dans certains champignons). Dans ce cas, la période d'incubation est très rapide, de quelques heures.

Sont particulièrement sensibles les **femmes enceintes**, les **bébés**, les **personnes âgées**, les personnes présentant un **problème immunitaire** ainsi que celles **souffrant du foie** (hépatite, cirrhose ou autre).

Les symptômes sont : **nausées** et **vomissements**, **sueurs**, grande **pâleur**, grande **faiblesse**. Les **diarrhées** arrivent en général dans un second temps.

La prévention est avant tout une question d'**hygiène**. S'assurer notamment que les produits alimentaires achetés ont bien suivi la **chaîne du froid**. Ensuite, les stocker dans de bonnes conditions (voir chapitre 7). Puis, lors de leur préparation, bien se laver les mains et bien nettoyer planches de découpe, plan de travail, récipients, couteaux et autres ustensiles au contact des aliments. Lorsqu'on est malade, il faut avant tout veiller à **ne pas se déshydrater** (voir p. 252). Si l'on n'arrive pas à s'hydrater, contacter un médecin au plus vite, surtout pour une personne fragile.

En général, on n'a pas très faim, donc il est facile de se nourrir uniquement d'**aliments liquides** ou **mous** (soupes, purées, compotes). L'**eau de cuisson du riz** joue très bien ce rôle (cuire le riz dans plus d'eau que nécessaire : 3 ou 4 fois le volume de riz au lieu de 2 fois). Des **infusions de camomille** ou de **menthe**, du **jus de citron** dans de l'eau chaude, aident également.

Éviter évidemment **l'alcool**, les **boissons sucrées**, les **boissons gazeuses**, le **café**. Côté aliments : **pas d'aliments sucrés ou gras** (éviter la friture), **pas de protéines** (viandes, produits laitiers) qui vont demander du travail au système digestif alors qu'il doit se remettre. En revanche, une fois la crise passée, prendre des **probiotiques** (sous forme de sachets/gélules ou dans des yaourts), du riz, des **bananes**, de la **compote de pommes** (pour la pectine).

🔧 **EN PRATIQUE** 🍴

Si l'on est en déplacement dans un pays à risque, voici une petite astuce qui fonctionne parfaitement pour moi depuis près de 20 ans et de nombreux voyages en « zones à risque » : 1 cola par jour. À l'origine, cette boisson était vendue comme un médicament, ça n'est pas par hasard !

PRÉVENIR OU GÉRER
LES PROBLÈMES
DE SANTÉ COURANTS

CANDIDOSE ET PARASITOSE

Vous connaissez le *Candida albicans* ? Aucune élection en vue pour lui, juste une prise de position dominante pour cette « levure » (terme générique qui désigne les champignons unicellulaires) dans notre système digestif dès lors que certaines conditions sont réunies.

Certains signes peuvent alerter : **mycoses** à répétition, **pellicules**, « muguet » dans la bouche (petite pellicule blanche), **ballonnements**, **maux de tête** récurrents (principalement le soir), mais aussi **difficultés de concentration**, **grosse fatigue** dès le matin, **manque d'entrain** quasi permanent, voire signes de **dépression**… Ainsi que des **envies de sucre régulières et intenses**. Certains symptômes ressemblent aussi à ceux des allergies, du fait de la réaction de notre système immunitaire à l'invasion par le *Candida* : démangeaisons, éternuements, conjonctivites…

Comme toute levure, sa prolifération vient d'une **température adéquate** (celle du corps lui convient parfaitement), de la forte présence de **sucres** dans le système digestif et d'une **flore intestinale déséquilibrée**. Cela peut également résulter d'une perturbation de l'organisme temporaire (gros stress, grossesse…) ou permanente (diabète).

> **EN PRATIQUE**
>
> Une plante amazonienne appelée « pau d'arco », que l'on peut prendre en gélules ou en décoction, serait d'une grande efficacité contre les levures, du fait de l'un des principes actifs (le lapachol).

Il faut faire particulièrement attention lorsqu'on prend des **antibiotiques** ou des **médicaments** susceptibles de perturber la flore intestinale (bien lire les effets secondaires sur les notices !), ou lorsqu'on prend de manière récurrente certaines substances (contraception orale, par exemple). La prise de **probiotiques** efficaces est conseillée dans tous ces cas, mais aussi de **prébiotiques**, qui nourrissent les probiotiques et augmentent leur efficacité.

Côté alimentation, il est conseillé de **diminuer fortement glucides et amidons**. Donc, on limite, voire supprime pendant quelque temps les **gâteaux**, les **féculents** (pommes de terre, riz, pâtes), les aliments contenant des **levures**, les aliments à base de **céréales** (beaucoup de choses !) et les **aliments transformés** (là aussi, énormément de choses !).

EN PRATIQUE

Pour remplacer le sucre, le **xylitol** (d'origine naturelle uniquement) et la **stevia** permettent de sucrer sans « nourrir » le candida ni toute autre levure.

CONSTIPATION

La constipation peut avoir plusieurs causes : un **changement de régime alimentaire** (voyage) ou plus largement un changement de **mode de vie**, un **stress** (choc émotionnel, angoisse…), la prise de certains **médicaments** (certains antidépresseurs, antidouleurs, antiacides…), l'utilisation trop fréquente de **laxatifs** (qui peut rendre l'intestin « paresseux »), un défaut de **mastication** (quand on mange trop vite), le **manque d'exercice** (le mouvement aide l'intestin à faire son travail), un **rythme des repas irrégulier**, le **manque d'hydratation** et les **déséquilibres alimentaires** en général.

Première chose à faire : **boire suffisamment** (au moins 1,5 litre d'eau par jour), éviter le thé. Favoriser les **aliments riches en eau** (potages, concombre…).

Deuxième chose : consommer des **fibres**, beaucoup de fibres : légumes, fruits, pain complet.

Troisième chose : éviter les aliments qui vont réduire l'humidité, c'est-à-dire **riches en amidon**, donc le **riz** et les **pommes de terre** principalement, mais aussi les **carottes**, le **pain blanc** (et les céréales non complètes en général). Limiter aussi la **noix de coco** et le **chocolat**.

Quatrième chose : manger des **fruits** et **légumes frais**. Surtout des **fruits aqueux**, **des légumes verts**… Mais aussi des **fruits secs** ! La réputation du **pruneau** n'est plus à faire côté transit. Sans trop abuser non plus, car ils peuvent provoquer des ballonnements (voir p. 259)…

Mais adapter son alimentation n'est qu'une des clés du problème… L'autre est **l'exercice** : la **marche**, notamment, est fortement conseillée, car elle facilite la digestion et le transit.

Diarrhées

La **diarrhée** peut être due à une **intoxication alimentaire** ou **gastro-entérite** (voir p. 262), mais aussi à d'autres causes : la prise de **médicaments** (antibiotiques notamment, qui perturbent la flore intestinale) ou de **compléments alimentaires** (le magnésium notamment), la prise de **laxatifs**, une **sensibilité à certains aliments** que l'organisme a du mal à digérer (associée à des ballonnements ou autres problèmes digestifs) comme certains **produits laitiers** (on digère souvent de plus en plus mal le lactose avec l'âge), une réaction naturelle du corps à la suite d'une période de **constipation** (auquel cas, suivre plutôt un régime anticonstipation), un **stress** (examen à passer, choc émotionnel, angoisse…), ou encore d'autres causes : hyperthyroïdie, maladie de Crohn (si présence de sang).

> **IDÉE REÇUE**
>
> En cas de diarrhée, on a parfois le réflexe de **ne plus manger** jusqu'à ce que ça aille mieux. Ça n'est pas forcément une bonne idée, car alors les germes ont le champ libre pour proliférer dans l'intestin.

Première chose à faire : **ralentir le transit intestinal**. Donc éviter les aliments qui l'accélèrent, tels que les céréales complètes, les fruits et légumes crus. Au contraire, privilégier les féculents (riz, pâtes purée) et les compotes de pommes ou de coings, qui aident grâce à l'effet épaississant de la pectine (à ne pas confondre avec le jus de pommes qui a plutôt un effet laxatif). Manger des légumes cuits, tels que courgettes, aubergines, betteraves, carottes.

Deuxième chose : **calmer l'irritation**. Pour cela, il faut éviter ou **limiter les épices**, ainsi que l'**alcool**, le **café** et toutes les boissons qui contiennent de la **caféine**. **Limiter** également les **graisses**, notamment les graisses cuites (surtout pas de frites ni de chips !). Préférer **des huiles végétales non cuites** et éviter les graisses « cachées » (viennoiseries, gâteaux, sauces…). La **myrtille fraîche** est également connue pour protéger la muqueuse intestinale.

Troisième chose : **certains aliments sont à proscrire** pour d'autres raisons… Les **produits laitiers** sont alors plus difficiles à digérer, car on a moins de lactase (l'enzyme qui permet de les digérer), ainsi que les aliments utilisant des édulcorants (qui peuvent accélérer le transit), ou encore ceux qui peuvent donner des gaz (haricots en grains, choux, chou-fleur, brocolis, oignons, échalotes…).

Quatrième chose : continuer à manger des **protéines**, mais plutôt via des œufs ou des **viandes maigres** (poulet, dinde, jambon blanc).

Une fois la diarrhée passée, il est conseillé de prendre des **probiotiques** (en gélules ou via des aliments fermentés, voir p. 81).

Autres maladies

Enfin, d'autres maladies peuvent être impactées positivement par l'alimentation. C'est notamment le cas de l'asthme et de l'hypertension.

Asthme

Cette maladie chronique produit des **difficultés respiratoires** (essoufflement, ralentissement de la respiration) du fait d'un **encombrement des bronches** par des sécrétions allergiques. L'asthme est très lié à la **pollution atmosphérique** – y compris celle de l'intérieur de nos habitations, d'où l'importance d'aérer régulièrement.

Il est néanmoins possible d'améliorer les choses grâce à son **alimentation**. Plusieurs approches sont connues aujourd'hui, chacune pouvant être plus ou moins recommandée et efficace selon les cas :

• Le régime **hypotoxique du Dr Seignalet**, une approche assez radicale (qui fait cependant débat car non prouvée scientifiquement), peut convenir à certains (là encore, il faut expérimenter !). En deux mots, il s'agit de consommer des aliments crus ou cuits à 110 °C maximum, de **stopper ou diminuer fortement produits laitiers, gluten et aliments transformés** (industriels), de **ne consommer que des produits sans traitements** (bio), de n'utiliser que des **huiles** obtenues par **première pression à froid** (jamais d'huile raffinée ou chauffée) et de consommer régulièrement des **aliments fermentés**.

• Un **environnement acide** favoriserait **l'inflammation**, et donc **l'asthme**… Il faudrait donc **alcaliniser l'organisme** en réduisant la consommation de produits acidifiants (sucres rapides, amidons, viandes, sodas, mais aussi les agrumes (sauf

le citron) et les tomates). Pour la même raison, des **eaux minérales riches en bicarbonates** et/ou en **magnésium** peuvent
avoir un effet positif.

• Une **consommation accrue de fruits et légumes**[1] permettrait à l'organisme de mieux se défendre.

HYPERTENSION

On connaît l'impact de certains aliments, comme le sel et la
réglisse dans l'aggravation de l'hypertension, mais on connaît
un peu moins le rôle favorable de **l'ail** pour la faire baisser,
ou encore des **graines de lin**[2] (en plus des oméga 3 qu'elles
contiennent).

Les aliments **riches en potassium**[3] sont également intéressants : bananes, papayes, dattes, ananas, citron, épinards, choux,
persil, artichaut (qui en plus est diurétique, ce qui aide à éliminer
les liquides en excès), oléagineux (noix, amandes, noisettes…),
légumineuses (pois chiches, lentilles, fèves…), mais aussi le
cacao (bonne nouvelle pour les amateurs de chocolat dont le
pourcentage de cacao est élevé !).

Dernier point : ne pas trop boire (d'eau ou de liquides en général) ! Un trop-plein de liquides dans l'organisme peut favoriser
l'augmentation de la tension.

PRÉVENIR OU GÉRER LES PROBLÈMES DE SANTÉ COURANTS

EN SAVOIR PLUS

L'excellent livre du Dr Natasha Campbell-McBride,
Le Syndrome entéropsychologique, GAPS, évoque de manière
détaillée les liens entre la flore intestinale, l'alimentation et un
certain nombre de problèmes comme l'hyperactivité, la schizophrénie, voire l'autisme.

EN RÉSUMÉ

• Une alimentation **trop acidifiante** peut créer des troubles, comme une alimentation **trop salée, trop sucrée, trop grasse**.

• L'état de la **flore intestinale**, qui constitue la pierre angulaire de notre immunité, peut être en cause dans nombre de petites maladies ou désagréments. La prise de **probiotiques** peut permettre de la rééquilibrer.

• Les **carences** constituent une cause fréquente de problèmes, car on met souvent beaucoup de temps à les détecter. Sauf pathologie, elles sont facilement résolues avec un **rééquilibrage alimentaire**.

• La **déshydratation** est un problème très courant, qui peut avoir de graves conséquences. Il est recommandé de boire en moyenne **1,5 litre d'eau par jour** (sauf si l'on a de la tension).

• Pour éviter les **fringales** et l'**hypoglycémie**, éviter notamment de manger trop de sucres simples.

• **Prendre le temps de manger et de mastiquer** aide souvent à résoudre de nombreux désagréments de transit.

• Certaines maladies, comme l'asthme ou l'hypertension, peuvent être impactées positivement par l'alimentation.

CHAPiTRE 9
Expérimenter

Puisque chaque être est unique, avec des besoins uniques, même s'il existe de grandes règles, deux individus ne réagiront pas forcément de la même manière à telle ou telle alimentation, en fonction de très nombreux paramètres. Il s'agit donc avant tout d'écouter son corps, qui reste notre meilleur indicateur bien-être et santé. Et il est souvent nécessaire d'expérimenter, pour découvrir ce qui nous convient et ce qui ne nous convient pas, ce que ce chapitre vous invite à faire.

ATTENTION : ces « expériences » ne sont pas à faire si vous souffrez de problèmes de santé ; il faut dans tous les cas en parler à votre médecin pour savoir ce que vous pouvez tester sans risque. Et même sans avoir de problème de santé, en parler à son médecin est toujours intéressant.

Chacun est unique

Le problème avec la nutrition, et avec la santé en général, c'est que nous sommes **tous différents**. Par notre **patrimoine génétique**, mais également par **la manière dont s'expriment nos gènes**, par notre **métabolisme**, l'état de notre **microbiote**, l'état de notre **système hormonal**, notre **corpulence**, notre **histoire** et nos antécédents, notre **condition physique**, nos **contraintes quotidiennes** et notre **cadre de vie**, ainsi qu'une foule d'autres paramètres.

Cette différence, nous l'avons parfois un peu oubliée en Occident, à cause d'une approche parfois **trop « mécanique »**, où l'on a parfois trop cherché à résoudre un problème localement, comme on réparerait une voiture, en oubliant que l'organisme humain est beaucoup, beaucoup plus complexe et que **ce qui passe dans une partie du corps a souvent un lien** – un impact et une origine – **avec les autres parties**. En médecine chinoise, par exemple, un praticien met presque une heure à se faire une idée de la santé de son patient, à coups d'examens physiques et de questions précises.

La nutrition soulève le même problème : ce qui est **bon pour une personne** ne l'est **pas forcément pour une autre**. Alors, on peut se lancer dans des analyses approfondies, rencontrer plusieurs spécialistes (qui ne seront pas toujours d'accord), prendre le problème sous l'angle du **groupe sanguin**, du **type hormonal**, de la **constitution**, comme nous l'enseignent les deux médecines millénaires que sont les **médecines ayurvédique** et **chinoise**, effectuer de nombreux tests sur Internet qui permettent de savoir quelle est sa constitution (attention à leur fiabilité !)… Toutefois, dans une logique **préventive**, et en l'absence de tout gros problème, on peut **expérimenter simplement**, via son ressenti et l'observation de son corps, **un certain nombre de choses sur soi**…

La règle de l'épigénétique

L'épigénétique est l'étude des changements d'activité de nos gènes, lesquels s'expriment plus ou moins en fonction de paramètres qui nous sont propres. 85 % de nos gènes peuvent en effet s'exprimer ou non en fonction de facteurs environnementaux, dont l'alimentation fait partie.

L'épigénétique

À LA BASE, TOUTES LES LARVES D'ABEILLES ONT LE MÊME PATRIMOINE GÉNÉTIQUE...

MAIS SI ON DONNE DE LA GELÉE ROYALE À L'UNE D'ENTRE ELLES...

ELLE DEVIENT REINE ET VIT PLUS LONGTEMPS QUE LES AUTRES !

C'EST CE QU'ON APPELLE L'ÉPIGÉNÉTIQUE.

L'idée découlant de l'épignétique est donc de faire des expériences avec son alimentation, afin d'en **mesurer les impacts sur sa santé, son moral, son bien-être** en général.

COMMENT ÇA MARCHE ?

C'est scientifique, mais cela relève surtout du bon sens : une expérience se fonde sur un principe simple :

UNE CAUSE => DES EFFETS

Ce qui revient en nutrition à :

UN CHANGEMENT ALIMENTAIRE => DES CHANGEMENTS SUR SOI (OU PAS)

Il s'agit de réaliser **un changement à la fois dans son alimentation** – jamais plus, car si on en fait plusieurs, on ne saura pas lequel a eu quel impact. Et ce, sur **une durée suffisante** – au moins 1 mois, sauf si on s'aperçoit rapidement que l'impact est négatif, mieux vaut alors stopper l'expérience.

Pour cela, il est important d'avoir un **cahier** ou un **fichier** dans lequel **consigner les expériences**. Par exemple, selon le modèle suivant :

Nom de l'expérience et date de début + durée prévue	*Exemples : « J'arrête le pain de mie pendant 1 mois » – début le 25/09/2018 » ou : « Je mange sans gluten – commencé le 1er mai 2018, fin prévue le 30 juin 2018 ».*

Impacts constatés (avec pour chacun, la date à laquelle on le constate)	*Exemples : « Je m'endors plus vite, ça fait 3 nuits que je m'endors en quelques minutes (14 juin 2018) », « Depuis quelques jours, j'ai moins faim en cours de matinée, je tiens facilement jusqu'au déjeuner – le 22 mai ».*
Difficultés rencontrées (toujours avec la date)	*Exemples : « Tous les soirs, j'ai des envies monstrueuses de pain de mie grillé – le 25 juin », « Ce matin, j'ai craqué, j'ai avalé cinq tranches de pain de mie grillé avec du beurre – mardi 2 octobre », « Après avoir tenu 18 jours sans pain de mie, j'ai craqué hier matin. Juste après, énorme faim sur le coup de 11 heures, j'ai dû prendre une barre chocolatée. J'étais fatigué et de mauvais poil tout l'après-midi (4 avril) ».*

QUELS SONT LES SIGNES À OBSERVER ?

Cependant, on ne « s'observe » pas si facilement ! Il y a certaines choses auxquelles on ne pense pas, d'autant que cela peut toucher des habitudes ancrées, des parties du corps auxquelles **on ne fait plus attention**, comme un état d'**esprit**, sa **capacité à se concentrer**…

À titre d'exemple, voici une liste – non exhaustive – d'éléments à observer :

• La **peau** : est-elle plus ou moins sèche, grasse, rouge, sensible, a-t-on plus de boutons, de démangeaisons d'eczéma ? Se sent-on « gonflé » ?

• Les **muscles** : ont-ils plus ou moins de tonicité, de puissance, de douleurs, de résistance à l'effort, de courbatures… (ce qui est particulièrement important pour les sportifs).

• Le **système digestif** : a-t-on des ballonnements ? Avec quel impact sur le transit ? A-t-on des douleurs à l'estomac, au foie ? A-t-on l'impression de bien digérer ?

• Le **cœur** : a-t-on des palpitations ? Des battements réguliers ? De la tension ?

• Les **ongles** : sont-ils cassants, striés, avec des taches ?

• Les **cheveux** : sont-ils gras, secs, en perd-on ? Plus ou moins qu'avant ?

• Les **yeux** : fatiguent-ils vite ? Sont-ils rouges, irrités ?

• Le **système ORL** : quel est l'état du nez, des sinus, de la gorge ?

• Le **sommeil** : dort-on mieux, plus, moins ? S'endort-on / se réveille-t-on plus vite ? A-t-on envie de dormir après les repas ou pas ?

• Le sentiment de **chaleur** ou de **froid** : a-t-on froid/chaud ? Dans quelles parties du corps ? À quel moment ? Transpire-t-on ? A-t-on de la fièvre ?

• L'**appétit** : a-t-on faim ? Quand ?

• La **bouche** et l'œsophage : a-t-on une haleine normale ? La bouche sèche ?

• Le **transit** et l'état des **selles** (eh oui, c'est important !).

• A-t-on des **spasmes**, des **engourdissements** (« fourmis » dans un membre), des **tremblements**, des **impatiences** (envies irrépressibles de bouger un membre) ?

• L'**appareil génital** : menstruations, libido, pertes, sécrétions, irritations, changements dans les sensations…

• D'éventuelles **douleurs chroniques** : dos, nuque, membres, articulations, migraines et maux de tête, acouphènes, vertiges…

• La **vitalité** en général : se sent-on plus en forme, fatigué ? A-t-on des pics d'énergie ?

• Le **moral** : est-on plus ou moins joyeux, optimiste, amorphe, anxieux, irritable ? A-t-on envie de voir du monde ou de rester dans son coin ? A-t-on peur ou est-on confiant ?

• Les **petits problèmes de santé** (voir chapitre 8) sont-ils plus ou moins fréquents ? Plus ou moins intenses ? Durent-ils plus ou moins longtemps qu'avant ?

Quelles expériences peut-on faire ?

Autour du pain

• **Arrêter le pain** (si on s'en sent capable), le remplacer par du **pain sans gluten**.

• **Arrêter le pain de mie** ou la baguette viennoise.

• Remplacer la baguette classique par une **baguette « tradition »**.

• **Faire son pain soi-même**.

Le pain est un aliment central dans l'alimentation occidentale moderne, mais il peut être la cause de **problèmes digestifs**, dont le responsable n'est pas toujours le gluten, mais parfois les additifs utilisés pour sa fabrication (voir chapitre 2, p. 45). L'idée est alors de ne prendre que des pains sans additifs au levain naturel ou, plus simplement, la fameuse baguette « tradition » proposée chez quasiment tous les boulangers, réalisée sans additifs.

Mais le pain est aussi un aliment qui a **un indice glycémique élevé**, ce qui peut avoir des effets similaires à ceux des sucres simples et élever rapidement le taux de sucre sanguin, avec les

EXPÉRIMENTER

impacts que l'on a vus : fringale deux heures après, stockage sous forme de graisse, etc. (Voir chapitre 2, p. 69.)

AUTOUR DU PETIT DÉJEUNER

- **En prendre un**, si on n'en prend pas.
- **Ne pas en prendre**, si l'on en prend un.
- **Changer son horaire.**
- **Changer son contenu** : retirer les sucres (type confiture, céréales sucrées ou gâteaux), arrêter le jus d'orange (même frais), prendre son café ou son thé après avoir commencé à manger et non avant…

On dit souvent que **le petit déjeuner est le repas le plus important de la journée**. La réalité est – comme souvent – plus complexe, mais c'est bien le petit déjeuner qui « donne le rythme » dès le matin, et conditionne un certain nombre de choses : énergie disponible en cours de matinée, potentiels coups de pompe et fringales subites, capacité à attendre le déjeuner sans problème, bon fonctionnement intellectuel en cours de matinée… Alors ça vaut le coup de creuser le sujet !

AUTOUR DU DÎNER

- **Le prendre plus tôt**, au moins deux heures avant de se coucher. Par exemple, préparer son dîner le week-end pour pouvoir manger immédiatement en rentrant le soir…
- Dîner **plus léger**.
- Dîner **sans viande** et **sans sucre**.

Le dîner est un repas très important car il aura **un impact sur la nuit**, qui doit normalement être une période de **repos** pour l'organisme. On soupçonne de nombreux problèmes de sommeil, et de santé plus généralement, d'être liés à des dîners trop copieux, trop tardifs, peu équilibrés…

> 🔧 **EN PRATIQUE**
> L'expérience consistant à **ne pas manger de fruits frais en fin de dîner** est en général assez rapidement concluante.

Autour des repas en général

- **Changer les horaires des repas** : manger plus tôt, plus tard.
- Manger **sans télévision ni téléphone**.
- **Boire deux grands verres d'eau** avant chaque repas.
- **Mâcher au moins 20 fois** chaque bouchée.
- Toujours **commencer par une crudité**, qui facilitera la digestion de tout le repas.
- **Manger les fruits en début de repas** (ou ne pas en manger du tout pendant le repas).
- Prendre juste un plat à la cantine et retourner chercher un dessert après uniquement si on a vraiment faim…

Un problème courant est le **manque d'attention** porté à son repas – ce qui inclut ce qu'on mange ainsi que les autres convives. Souvent on mange trop vite, sans faire vraiment attention à ce qu'on a dans son assiette… Toute expérience qui pousse à **prendre plus de temps** pour ses repas a de bonnes chances d'avoir un impact positif !

Autour des boissons

- Arrêter/diminuer les **sodas**, les **jus de fruits**, les **sirops**.
- Arrêter/diminuer l'**alcool**.
- Changer **d'eau en bouteille** : choisir une composition différente ou tester l'eau du robinet.
  - **Arrêter/diminuer l'eau gazeuse**.
  - **Arrêter de sucrer thé ou café.**
- Arrêter/diminuer **thé ou café** : une semaine de « désintox » est de toute façon une bonne idée de temps en temps.
- Se préparer des **jus de fruits frais** ou des jus à base de fruits + légumes ; pas forcément le matin mais aussi en guise d'apéritif.
- Prendre une **tisane digestive** après le repas…

Les impacts de telles expériences peuvent être multiples ! Thé, café et sodas caféinés sont des excitants qui peuvent **perturber le sommeil** ainsi que les cycles naturels liés au cortisol, l'hormone de régulation de l'éveil. Le sucre présent dans les boissons en dehors des repas passe très rapidement dans le sang et provoque des **pics d'insuline**, certaines boissons perturbent la digestion quand d'autres la facilitent…

Autour du sucre et des édulcorants

Arrêter/diminuer les **bonbons**, arrêter/diminuer les **petits gâteaux** (surtout industriels), arrêter/diminuer les **céréales sucrées**, arrêter/diminuer les **sodas**, arrêter/diminuer les **jus de fruits**, arrêter/diminuer les **sirops**, arrêter de **sucrer thé ou café**,…

Vous l'aurez compris en lisant ce livre, les sucres simples ne sont pas vraiment les amis de notre santé, d'autant qu'ils sont cachés un peu partout.

Autour de l'exercice physique

• Monter certains étages à pied plutôt qu'avec l'ascenseur ou l'escalier mécanique.

• Se donner des objectifs en **nombre de pas par jour**, avec l'aide d'un podomètre, ou plus simplement grâce à un téléphone ou une montre qui dispose de cette fonction.

• **Marcher systématiquement 15 minutes après chaque repas**.

• **Se promener** en forêt ou en bord de mer au moins une ou deux fois par semaine…

Un autre problème majeur de notre société moderne est la **sédentarité**. L'homme est fait pour utiliser plus son corps, ce qui participe à l'activation de son métabolisme et à de nombreux mécanismes, parmi lesquels la digestion. Le fait de « remettre la machine en route » permet souvent d'observer de réelles améliorations à tous les points de vue – la marche est conseillée pour le traitement et la convalescence de nombreuses maladies graves –, et cela évite également un certain nombre de problèmes posturaux liés au fait d'être trop longtemps assis.

Il y a bien d'autres expériences à réaliser ! À chacun de trouver celles qui lui semblent pertinentes ou qu'il a envie de tenter.

Comment bien mener ses expériences ?

Là encore, il s'agit de **s'observer**. Lorsqu'on ressent un changement physiologique ou psychologique, il faut essayer de **faire le lien avec ce qu'on a fait et mangé dans les 24 heures qui précèdent**.

C'est un réflexe à avoir, que l'on peut transformer en **rituel** de type « journal », consistant à noter dans un carnet (ou un fichier) les **observations du jour**. Cela peut être juste : « *19 mai 2019,* *bien dormi (8 heures), plutôt en forme »* ou, pour les plus précis : « *jeudi 16 mai 2019. Mangé 21 h hier soir couché 23 h, lever 7 h 15. 2 petits réveils nocturnes. Difficultés à digérer le dîner : steak haché, pâtes et brocolis, 2 crèmes dessert et 1/2 pastèque. »*

L'idée est de **consigner** tout cela dans le même journal que celui où l'on note ses expériences. Il s'agit simplement de continuer à noter des choses lorsqu'on n'a pas d'expériences en cours afin de détecter d'éventuelles corrélations entre ses comportements (alimentation, exercice physique, événements), les circonstances éventuelles (changement de cadre, vacances, stress particulier) et ce qu'il se passe en nous.

QUELLES SONT LES CONDITIONS DE RÉUSSITE ?

• **Faire une seule expérience à la fois !** Si l'on modifie plusieurs choses, l'expérience ne sera pas significative.

• **Ne pas changer les conditions de l'expérimentation.** Pour les mêmes raisons que le point précédent, il faut que l'expérience se fasse « toutes choses égales par ailleurs ». Manger les fruits en début de repas, mais changer la quantité de fruits (passer d'une pomme à deux) va induire un **biais** qui peut **fausser l'expérience**.

• **Prendre en compte les circonstances extérieures** (gros changement dans son mode de vie, vacances, stress dû au travail, arrêt ou démarrage d'une activité sportive, ascenseur en panne…) qui peuvent impacter l'expérience. Il est notamment déconseillé de faire des expériences alors qu'on est en **vacances**, loin de chez soi.

• Être **rigoureux** dans la manière dont on note les choses et être **bien à l'écoute** des effets potentiels, autant **physiologiques** que **psychologiques**.

• Être **précis** dans ce que l'on teste. Même si ce sont des fruits tous les deux, manger des bananes ou manger des pommes, ce n'est pas la même chose.

• Éviter les **expériences « négatives »** qui peuvent être nocives pour la santé (manger un double burger et des frites à chaque repas est mauvais pour la santé, inutile d'essayer !).

À RETENIR

Il ne faut pas hésiter à **parler de ses expériences** autour de soi, et surtout du principe de l'expérimentation, mais il faut garder en tête que les effets, ou l'absence d'effets, d'une expérience sur soi peuvent être **radicalement différents sur quelqu'un d'autre**. Lorsque l'on dit : « J'ai essayé pendant un mois, ça n'a rien donné », bien expliquer que c'est différent pour chacun et que ça peut parfaitement fonctionner pour une autre personne. À l'inverse, un petit changement alimentaire à fort impact chez vous pourra n'avoir **aucun effet** chez d'autres.

COMMENT INTÉGRER CES EXPÉRIENCES AU QUOTIDIEN ?

Ou comment faire ses expériences sans pénaliser toute la famille ? Les goûts et les couleurs peuvent déjà créer des conflits, alors intégrer ses « petites expériences » au quotidien peut devenir un casse-tête ! Sauf, bien sûr, si l'on arrive à convaincre toute la famille de leur intérêt et si tout le monde est d'accord pour participer. Mais mieux vaut tout de même éviter de trop chambouler l'alimentation des jeunes enfants, surtout s'ils sont en pleine forme.

Quelques astuces pour éviter le « burn-out » en cuisine…

• **Réfléchir à ses repas à l'avance** : cela permet de mieux gérer ce petit surcroît de complexité, car ainsi on peut mieux anticiper ce qu'on va préparer.

Plutôt que de cuisiner deux plats différents, **prévoir des variantes** des recettes habituelles compatibles avec l'expérience en cours. Par exemple, pour un essai « sans gluten », faire une quiche et une quiche sans pâte ; pour un essai « sans produits laitiers », préparer des crêpes avec et sans fromage, etc.

• Avoir bien en tête **les ingrédients de substitution** disponibles pour continuer à faire les recettes préférées de tout le monde…

Petite liste non exhaustive des aliments de substitution :

ON PEUT REMPLACER…	PAR…
Crêpes	Galettes de sarrasin
Sucre	Édulcorants naturels (xylitol ou stevia) Fruits sucrés
Œufs (dans un gâteau)	Compote de pommes, banane écrasée Beurre (pour remplacer le jaune) Yaourt
Crème liquide	Crème de riz ou d'avoine
Lait	Boisson végétale (avoine, riz, amande…) Œufs battus + eau
Levure chimique (pour faire lever une pâte : gâteau, pain…)	Bicarbonate de soude Blancs d'œufs battus en neige (pour un gâteau) Levain (pour le pain)

Farine de blé (mais si on veut faire une pâte qui va lever type gâteau ou pain, il faut rajouter un ingrédient à la préparation de type arrow root ou gomme de guar, qui va apporter de l'élasticité)	Farine sans gluten (riz, lupin, millet…) Maïzena® Poudre d'amandes ou de noisettes

EN RÉSUMÉ

- Écouter son corps, qui est le meilleur indicateur santé.
- Il est souvent nécessaire d'**expérimenter**, pour découvrir ce qui nous convient et ce qui ne nous convient pas, chaque individu étant unique.
- Selon l'épigénétique, 85 % des gènes s'expriment ou non en fonction de facteurs environnementaux, et notamment l'alimentation.
- Chaque changement alimentaire peut donc avoir un impact sur la **santé**, le **moral**, le **bien-être** général.
- Lorsqu'on ressent un changement physiologique ou psychologique, il faut essayer de faire le lien avec ce qu'on a fait et mangé dans les 24 heures qui précèdent.
- Toujours réaliser **un changement à la fois** dans son alimentation, et ce sur une durée suffisante.

N'hésitez pas à me faire vos retours sur les expériences qui vous auront paru intéressantes en m'envoyant un message à l'adresse christophe@marmiton.org.

Notes

* 30 IV 2018 Début séances yoga 1/J 5-10u

Notes

Notes

Notes

Notes

Notes

ANNEXE

Les aliments en détail

De quoi sont composés les principaux aliments que nous consommons ? Cette annexe passe en revue chaque catégorie d'aliments et indique, pour chacune, les aliments qu'elle englobe, leurs principales caractéristiques et leurs apports sur le plan nutriotionnel.

Légumes

Les **légumes** sont des plantes comestibles, dont on va manger certaines parties : racines et tubercules (radis, carottes, pommes de terre), tige (céleri-branche, carde, pousse de bambou, cœur de palmier), les feuilles (salades, choux, épinards) ou la fleur (chou-fleur, fleur de courgette).

Les légumes contiennent beaucoup d'eau (souvent plus de 90 %), beaucoup de fibres, très peu de sucre, de nombreux minéraux, tels que potassium (qui aide à contrer la surcharge en sodium dans l'organisme), magnésium, fer, cuivre, soufre, calcium, ainsi que des vitamines hydrosolubles (vitamine C, vitamines du groupe B, provitamine A).

La pomme de terre est un peu différente car elle contient beaucoup d'amidon, ce qui la rapproche des féculents.

Fruits

Les **fruits** apparaissent sur les **plantes après fécondation de la fleur**, par transformation de son pistil. Ils contiennent des **graines** permettant la **reproduction de la plante**. Naturellement, les fruits sont sucrés et comestibles. Ainsi, en les mangeant, on propage leurs graines qui souvent résistent à la digestion.

On compte aussi parmi les fruits certains aliments **considérés comme des légumes** du fait de leur côté moins sucré et de leur mode de consommation (avocats, tomates, aubergines…).

Les **fruits** apportent à peu près les mêmes nutriments que les légumes, mais plus de sucres (5 à 20 %). Si tous les fruits sont riches en **potassium**, seuls les **agrumes** contiennent du **calcium**. Les **fruits secs** désignent d'une part les **fruits séchés** (abricots secs, mangue séchée, etc.), qui contiennent beaucoup de sucres et en général beaucoup de vitamines A et C, et les **oléagineux** (amandes, cacahuètes, noix de cajou, noix, noisettes, noix du Brésil…), qui contiennent beaucoup de graisses (plus de 50 %), des protéines (plus de 10 %) et des minéraux (calcium, magnésium, fer, manganèse). Les graisses des **oléagineux** sont de « bonnes graisses », avec notamment beaucoup d'oméga 3, ce qui en fait de très bons en-cas.

Viandes

Les **viandes** contiennent environ 20 % de protéines. Les protéines animales bénéficient d'une **bioassimilabilité** importante, qui les rend difficiles à remplacer par des protéines d'origine végétale (de nombreuses études sont en cours sur ce point et devraient faire évoluer nos connaissances dans les années à venir). Les viandes contiennent également des graisses en quantités très variables en fonction de la viande et du morceau (jusqu'à 30 %), des minéraux (phosphore et surtout fer), des vitamines du groupe B.

Le **fer de la viande** est mieux assimilable par l'organisme que le fer des végétaux.

Les charcuteries sont des **salaisons**, c'est-à-dire un traitement des viandes en vue de leur conservation, réalisé avec du **sel** et, en général, du nitrite de potassium ou du nitrate de sodium. Elles contiennent des graisses (jusqu'à 40 % pour les rillettes). Les abats contiennent beaucoup de vitamines du groupe B, ainsi que des vitamines A et D – une vitamine dont on manque souvent, surtout en hiver.

LES ALIMENTS EN DÉTAIL

Poissons et fruits de mer

Les **poissons** apportent **autant de protéines que la viande** et des quantités variables de **graisse**, toutefois moins élevées que dans les viandes et de meilleure qualité nutritionnelle, des **minéraux** (sélénium, phosphore, mais aussi de l'**iode** pour les poissons de mer et du **calcium** dans les sardines pour peu qu'on mange les arêtes), des **vitamines** (A, D, E et les vitamines du groupe B, notamment la B12). Le foie de poisson est une très bonne source de **vitamine A** (d'où la fameuse huile de foie de morue souvent donnée en complément alimentaire).

Les **fruits de mer**, coquillages et crustacés, apportent, en plus du fer, du calcium et du zinc.

Œufs

Les œufs contiennent 14 % de protéines d'excellente qualité, 12 % de graisses (dans le jaune uniquement), du fer et du **phosphore**, des vitamines A et D ainsi que des vitamines du groupe B. L'œuf contient aussi du cholestérol, dont on sait aujourd'hui qu'il est **indispensable au bon fonctionnement du cerveau et des muscles** et dont le lien avec les maladies cardio-vasculaires est très sérieusement remis en cause, voire complètement rejeté, par les dernières études. À suivre…

Céréales

Une **céréale** est une plante qu'on cultive dans le but d'utiliser ses fruits, les « grains », **principalement sous forme de farine**. Celle-ci est faite des grains moulus, avec ou sans leur enveloppe (le « son »), d'où l'appellation de farine « complète » (avec tout le son) ou « semi-complète » (avec la moitié du son).

La fameuse classification que l'on voit sur les paquets de farine (T45, T65, etc.) dépend de la quantité de son qu'on a laissé dans la farine : T45 pour la farine sans aucune trace de son écorce, T150 pour une farine complète avec toute son écorce.

On utilise aussi les céréales sous forme de **graines** : germées, déshydratées, soufflées ou cuites (pour le petit déjeuner), ou encore de « fourrage », avec les tiges, pour nourrir le bétail.

Les principales céréales sont : l'épeautre, le petit épeautre, le kamut (variétés anciennes de blé), le blé, l'orge, l'avoine, le millet, le maïs, le riz, le seigle, le sorgho, le lin, le fonio, le sarrasin (dit aussi « blé noir »).

Les céréales dites **panifiables** sont celles qui contiennent du gluten : principalement le blé (mais pas le sarrasin, ou « blé noir »), l'épeautre, le petit épeautre, le seigle.

Le **blé** est utilisé principalement sous forme de farine (pain, pâtes, gâteaux, pâte à pizza, à tarte…) et de semoule (dans les pâtes principalement, mais aussi sous diverses formes à consommer directement comme pour le couscous, les taboulés), ou encore les céréales à consommer directement comme l'Ebly®.

D'autres variétés de blé plus anciennes comme le **petit épeautre** sont de plus en plus utilisées, car elles contiennent moins de gluten et répondent à une demande de plus en plus forte du public.

Le **maïs** entre dans la composition de nombreuses farines sans gluten, de certaines pâtes sans gluten, de la Maïzena®, des céréales pour le petit déjeuner (corn-flakes = pétales de maïs), ainsi que de la polenta (semoule de maïs).

Le **riz** entre dans la composition de nombreuses farines sans gluten, de certaines pâtes sans gluten, de certaines céréales du petit déjeuner.

D'autres céréales moins courantes sont utilisées sous forme de farines, de semoules ou de flocons : le seigle, l'avoine, le millet, l'orge, le sarrasin…

Les céréales contiennent des glucides *via* l'amidon (près des trois quarts dans les farines, 80 % dans le riz), 10 % de protéines, des minéraux (fer, magnésium, phosphore), des vitamines B1 et B2. Dans les céréales et farines **complètes**, on va trouver également des **fibres**, contenues dans l'enveloppe des graines.

Féculents

Ce sont soit des **aliments végétaux** (racines, fruits, grains ou autres), soit des **aliments transformés** (pâtes, fécule…).
Les principaux féculents sont : la banane, la châtaigne, le potimarron (fruits), le pois chiche, la graine de soja, les haricots secs, la lentille, la fève (légumineuse), la pomme de terre, la patate douce, le topinambour, l'igname (tubercule), le panais et le manioc (racine), les pâtes, les gnocchis, les frites, les chips, le pain (aliments transformés).
Les féculents sont des aliments contenant beaucoup d'**amidon**.

Légumineuses

Les **légumineuses** sont les légumes secs, le soja et l'arachide. Parmi les légumes secs, on compte les lentilles, les fèves, les pois chiches, les haricots, les petits pois…
Les légumineuses contiennent beaucoup de protéines (24 %), des fibres (10 à 25 %), des minéraux (principalement fer et phosphore) et des vitamines du groupe B.
Le **soja** apporte des graisses en plus (18 %). Du fait de sa teneur en protéines et en graisses, il est très utilisé pour réaliser des aliments de substitution aux produits animaux. Néanmoins, sa teneur en phyto-œstrogènes augmenterait le risque de tumeurs, notamment chez les femmes (ce point fait aujourd'hui débat).
L'**arachide** apporte beaucoup de graisses en plus (45 %).

On considère que **les protéines des légumes secs sont moins bonnes que celles des produits animaux,** car elles contiennent **moins de méthionine**. Il est intéressant de **les associer aux céréales**, dont les protéines contiennent peu de lysine mais plus de méthionine (même s'il y a débat aujourd'hui sur le fait que ces substances s'associent ou non dans l'organisme).

LAITS

Le lait est un liquide biologique produit par les mammifères femelles. Riche en **lactose**, il est la première alimentation des nouveau-nés, et sa consommation fait débat aujourd'hui pour les adultes (voir chapitre 2, p. 54).

Le **lait de vache** contient des protéines (35 g/l), des graisses (36 g/l pour le lait entier, 15 à 18 g pour le lait demi-écrémé, 1 g pour le lait écrémé), des sucres (50 g/l, c'est le fameux lactose), des minéraux (calcium, phosphore, magnésium, cuivre, soufre) et des vitamines A, D, ainsi que celles du groupe B. Les vitamines A et D sont liposolubles (présentes dans la graisse), donc quasiment absentes du lait écrémé.

Le **lait de chèvre** contient des protéines (32 g/l), des graisses (39 g/l pour le lait entier), des sucres (44 g/l), des minéraux (calcium, magnésium, fer, potassium) et des vitamines (A, C, D, B6 et B12).

Le **lait de brebis** contient des protéines (60 g/l), des graisses (70 g/l pour le lait entier), des sucres (50 g/l), des minéraux (calcium, magnésium, potassium, phosphore, zinc) et des vitamines (A, C, B6 et B12).

LES ALIMENTS
EN DÉTAIL

Fromages

Le fromage est un procédé qui a été inventé pour conserver le lait plus longtemps et le transporter.

Il se fabrique par **coagulation du lait** grâce à l'action de la **présure** ou d'autres matières, permettant d'obtenir un gel de caséine, qui est égoutté pour obtenir le « caillé », qui mûrit ensuite, grâce à des **enzymes** produites par des **micro-organismes** (bactéries) propres à chaque fromage. Ce sont le lait, les produits ajoutés et le lieu de fabrication qui déterminent les micro-organismes, et donc le goût du fromage.

Il existe différents types de fromages :

• Les **fromages frais** (fromages blancs, petits-suisses, demi-sel…), qui n'ont pas subi d'affinage. Ces fromages sont riches en eau (plus de 70 %).

• Les **fromages à pâte molle à croûte moisie** : camembert, carré de l'Est, brie, neufchâtel…

• Les **fromages** à pâte molle à croûte lavée : livarot, munster, maroilles… qui sont lavés avec de l'eau, favorisant la prolifération de bactéries qui donnent leurs saveurs et une couleur orangée aux fromages.

• Les **fromages persillés** (moisissures intérieures) : roquefort, bleus d'Auvergne, de Bresse… Le roquefort est fabriqué avec du lait de brebis, les autres avec du lait de vache.

• Les **fromages** à pâte pressée non cuite : Port-Salut®, cantal, edam, saint-nectaire… où le caillé est pressé pour l'égouttage.

• Les **fromages** à pâte pressée cuite : emmental, comté, beaufort, gruyère… où le caillé est cuit avant d'être pressé.

• Les **fromages fondus** : ce sont des fromages coupés en très fins morceaux, puis fondus, seuls ou mélangés.

On retrouve dans les fromages des **protéines** (de la caséine, à hauteur de 8 % dans les fromages blancs à près de 30 % dans les fromages à pâte pressée), **pas de sucre** (le lactose disparaît presque totalement lors de l'égouttage, le reste est transformé en acide lactique lors de l'affinage), des minéraux (du calcium, surtout dans les fromages à pâte pressée, du phosphore et du chlorure de sodium) et des vitamines (A et B, sachant que les vitamines du groupe B sont plus présentes dans les fromages bleus, dont les moisissures en favorisent la production).

BOISSONS VÉGÉTALES

Elles ne sont pas considérées comme des produits laitiers, car ce ne sont pas de « vrais » laits. Ils sont obtenus en mélangeant des oléagineux, des fruits ou des céréales finement mixés avec de l'eau.

Les plus courants sont les laits d'amande, de riz, d'avoine, de chanvre, de riz, de coco, de soja, de noisette, d'arachide, de pistache ou encore de souchet (la délicieuse *horchata* espagnole) Comme ils contiennent moins de **calcium** qu'un lait animal, ils sont souvent **supplémentés**.

SUCRE

L'organisme n'a pas besoin de sucre, il puise tous les glucides nécessaires à son fonctionnement dans les autres aliments, tels que les légumes. Tous les produits sucrés sont inintéressants d'un point de vue nutritionnel. Les différents sucres et les édulcorants sont largement abordés au chapitre 2.

Les **bonbons et confiseries** se définissent par le fait que le sucre y est l'ingrédient le plus présent. On utilise le plus souvent pour les fabriquer le saccharose, le glucose ou le sucre inverti. D'autres ingrédients peuvent s'y trouver, comme des gommes, de la gélatine, des fruits secs, des colorants et additifs divers…

LES ALIMENTS EN DÉTAIL

Chocolat

Le **chocolat** est une confiserie un peu particulière, composée de sucre et de pâte de cacao, produite à partir de la fève de cacao fermentée, torréfiée et broyée, elle-même composée de beurre de cacao et de ce qu'on appelle la « masse » de cacao. Depuis 2000, le Parlement européen autorise l'ajout de 6 matières grasses autres que le beurre de cacao, mais à hauteur de 5 % maximum du total. Pour obtenir du **chocolat au lait**, on ajoute du lait en poudre à la préparation. Le **chocolat blanc** est composé de beurre de cacao, de lait en poudre et de sucre.

Miel

Le miel est un **produit naturel** élaboré par les abeilles à partir du nectar des fleurs. S'il a un indice glycémique très élevé, c'est aussi un aliment reconnu pour ses bienfaits sur la santé. Il est à privilégier pour sucrer ses boissons, tisanes notamment.

Il existe différents types de miel, chacun doté de vertus : miel de tilleul, d'acacia, de châtaignier, de lavande, d'aubépine, de romarin, toutes fleurs… Sa texture solide ou liquide est liée à son état de cristallisation, qui dépend de nombreux paramètres. Le **miel** contient 38 % de fructose, 31 % de glucose, un peu de saccharose, maltose et autres sucres rapides, de l'eau (jusqu'à 18 %), des minéraux (potassium dans tous les miels, les autres minéraux dépendent des fleurs butinées par les abeilles), des vitamines (principalement B1, B2, B3, B5, B6 et C, mais aussi A, B8, B9, D et K), des enzymes (bonnes pour la digestion), des antibiotiques naturels, ainsi que de nombreuses substances qui dépendent beaucoup des fleurs butinées.

Le miel peut aussi contenir des pesticides et des métaux lourds, en fonction là aussi de ce que les abeilles ont récolté dans les fleurs !

ANNEXE

Remerciements

Un énorme merci à ma femme Caroline, qui m'a toujours encouragé dans la voie du « mieux manger » et a enrichi et commenté mes écrits d'un œil critique et vigilant, ainsi qu'à ma fille Valentine qui me donne une raison de plus de me battre pour aider à construire un monde plus sensé.

Merci à mes parents et grands-parents qui m'ont transmis l'amour de la cuisine et des bons produits.

Merci bien sûr à mes amis et co-fondateurs (Anne-Laure, Olivier, Jean-Bernard) et mes collègues de Marmiton (anciens et actuels : Claire, Laëtitia, Lorine, Stéphanie, Véronique, Caroline et tous les autres) qui ont toujours eu à cœur de promouvoir et de rendre accessible la cuisine, facteur clé de notre bien-être. Merci également à mes collègues du groupe aufeminin et à ses dirigeants, qui ont toujours encouragé cette démarche.

Merci également à Laurent Chevallier, grâce à qui j'ai énormément appris au fil des années à travers ses ouvrages et ses articles, pour avoir accepté de relire et de préfacer ce livre.

Merci à Damien et à toute l'équipe de PlayBac, d'avoir soutenu et accompagné ce projet de livre un peu en dehors des sentiers battus.

Merci à Christina de BioAddict et à tous les acteurs de la filière bio qui me font découvrir énormément de choses admirables et à tous ceux, producteurs, industriels, journalistes, distributeurs, qui font avancer les choses dans le bon sens par conviction personnelle.

Merci à Bénédicte Moret pour ses illustrations qui ont parfaitement concrétisé (et enrichi) les tentatives d'utiliser l'humour pour insister sur certaines notions, dans le plus pur esprit Marmiton !

Merci à Christine Cameau pour son travail sur le texte.

Enfin, merci aux marmitonautes, qui, par leurs retours, leurs questions et leur enthousiasme, nous aident depuis 1999 à mieux comprendre les obstacles qui s'intercalent entre les gens et leurs casseroles, mais aussi les leviers qui permettent de les dépasser et d'utiliser la cuisine comme une merveilleuse source de plaisir, de satisfaction et de bien-être.

Sources

CHAPITRE 2

(1) Enquête « Vous et la cuisine, Marmiton, juillet/août 2017 » : 27% des personnes interrogées disent être « flexitariens ».

(2) Étude SUpplémentation en VItamines et Minéraux Anti-oXydants, 1994.

(3) Korver O., Tijburg L.B., Zijp I.M. « Effect of Tea and Other Dietary Factors on Iron Absorption ». *Crit. Rev. Food Sci. Nutr.*, Sep. 2000 ; 40(5):371–98.

(4) Gretchen J. Mahler, Mandy B. Esch, Elad Tako, Teresa L. Southard, Shivaun D. Archer, Raymond P. Glahn, Michael L. Shuler. « Oral Exposure to Polystyrene Nanoparticles Affects Iron Absorption ». *Nature Nanotechnology* 7, 2012, 264–271.

(5) Zhang S., Hunter D.J., Forman M.R. *et al.* « Dietary Carotenoids and Vitamins A, C, and E and Risk of Breast Cancer ». *J. Natl. Cancer Inst.*, 1999 ; 91:547–556.

(6) Kohlmeier L., Hastings S.B., « Epidemiologic Evidence of a Role of Carotenoids in Cardiovascular Disease Prevention ». *Am. J. Clin. Nutr.*, 1995 ; 62:1370S–1376S.

(7) Zeisel S.H. « Choline: Needed for Normal Development of Memory ». *J. Am. Coll. Nutr.*, Oct. 2000 ; 19(5 Suppl):528S–531S.

(8) www.afdiag.fr.

(9) Les intolérances et allergies avérées et reconnues par un médecin permettent un remboursement par la Sécurité sociale des produits sans gluten agréés à hauteur de 65 % (voire 100 % selon les mutuelles), jusqu'à 45,73 € par mois pour les adultes et 33,54 € pour les enfants (chiffres 2015).

(10) « Actualisation des apports nutritionnels conseillés pour les acides gras », ANSES, mai 2011.

(11) Uffe Ravnskov *et al.* « Lack of an Association or an Inverse Association Between Low-Density Lipoprotein Cholesterol and Mortality in the Elderly: as Systematic Review ». *BMJ Journals*, June 2016.

(12) « Associations of Fats and Carbohydrate Intake with Cardiovascular Disease and Mortality in 18 Countries from Five Continents (PURE): a Prospective Cohort Study ». *The Lancet*, 2017.

(13) Kris-Etherton P.M., Harris W.S., Appel L.J. « Fish Consumption, fish Oil, Omega-3 Fatty Acids, and Cardiovascular Disease ». American Heart Association. Nutrition Committee, 19/11/2002, 106(21):2747–57.

(14) Walter Willett M.D., « Harvard School of Public Health, Department of Nutrition ». *Harvard Health Letter Editorial Board,* March 2016.

(15) « Consommation alimentaire et état nutritionnel de la population vivant en France », ministère de la Santé.

(16) Spalding K.L., Arner E., Westermark P.O., Bernard S., Buchholz B.A., Bergmann O., Blomqvist L., Hoffstedt J., Näslund E., Britton T., Concha H., Hassan M., Rydén M., Frisén J., Arner P. « Dynamics of Fat Cell Turnover in Humans ». *Nature,* 2008, DOI : 10.1038/nature06902.

(17) *That Sugar Film,* Damon Gameau, Madman Entertainment, 2014.

(18) NAFLD (*Non-Alcoholic Fatty Liver Disease*), American Liver Foundation, décembre 2016.

(19) « Actualisation des repères du PNNS : révision des repères de consommations alimentaires », ANSES, décembre 2016.

(20) « Sugars Intake for Adults and Children », OMS, 2015.

(21) Austin M.A., Hokanson J.E., Edwards K.L. « Hypertriglyceridemia as a Cardiovascular Risk Factor ». *Am. J. Cardiol.*, 1998 ; 81:7B–12B.

(22) Nguyen La Anh. « Health-Promoting Microbes in Traditional Vietnamese Fermented Foods ». *Food Science and Human Wellness,* 2015.

(23) « Dairy Products and its Association with Incidence of Cardiovascular Disease: The Malmö Diet and Cancer Cohort ». *PubMed,* 2011.

(24) Kim E.K. *et al.* « Fermented Kimchi Reduces Body Weight and Improves Metabolic Parameters in Overweight and Obese Patients », Elsevier, 2011.

(25) Belluz Julia, « The Truth About Red Wine's Health Benefits », *Vox*, octobre 2015.

(26) Brémond Gaspard, « Non, ce n'est pas bon de boire un verre chaque jour », *Ouest-France*, mars 2016.

Chapitre 3

(1) Ball S.D., Keller K.R., Moyer-Mileur L.J., Ding Y.W., Donaldson D., Jackson W.D. « Prolongation of Satiety After Low Versus Moderately High Glycemic Index Meals in Obese Adolescents », *Pediatrics*, March 2003.

(2) « Actualisation des repères du PNNS : révision des repères de consommations alimentaires », ANSES, décembre 2016.

Chapitre 4

(1) Agence bio (agencebio.org).

(2) Étude AMI lancée par Agrica en 2006.

(3) « The 2009 European Union Report on Pesticide Residues in Food ».

(4) Newcastle University in *British Journal of Nutrition*, juin 2014.

(5) Rapport de l'Afssa, septembre 2003.

(6) « Pesticide Action Network PanEurope », septembre 2015 (étude fondée sur les données de l'Autorité européenne de sécurité sanitaire).

(7) Rapport officiel du Department for Environment, Food and Rural Affairs.

(8) Fowler S.P., Williams K., Hunt K.J., Resendez R.G., Hazuda H.P., Stern M.P. « Diet Soft Drinks Consumption Associated with Increased Incidence of Overweight and Obesity in the San Antonio Heart Study ». *ADA Annual meeting*, 2005, 1058-P.

(9) OpenFoodFacts (https://fr.openfoodfacts.org/additifs) ; les-additifs-alimentaires.com.

(10) ARTAC : Association pour la recherche thérapeutique anti-cancéreuse.

(11) « Nanoparticules dans les aliments : la loi du silence », *60 Millions de consommateurs*, 19 mars 2015.

(12) « Les effets des métaux lourds sur l'environnement et la santé », rapport d'information n° 261 (2000-2001) de M. Gérard Miquel et plusieurs de ses collègues, fait au nom de l'Office parlementaire d'évaluation des choix scient. tech., déposé le 5 avril 2001.

Chapitre 5

(1) « Bien choisir sa poêle à frire », *QueChoisir* (https://www.quechoisir.org/guide-d-achat-poele-n2565/).

Chapitre 6

(1) « Nouvelles orientations de l'OMS sur le sel et le potassium dans l'alimentation », OMS, janvier 2013.

Chapitre 8

(1) « Gut Microbiota Metabolism of Dietary Fiber Influences Allergic Airway Disease and Hematopoiesis », université de Lausanne, février 2014.

(2) Rodriguez-Leyva D., Weighell W., Edel A.L., LaVallee R., Dibrov E., Pinneker R., Maddaford T.G., Ramjiawan B., Aliani M., Guzman R., Pierce G.N. « Potent Antihypertensive Action of Dietary Flaxseed in Hypertensive Patients ». *Hypertension*, Dec. 2013 ; 62(6):1081–9. DOI : 10.1161/HYPERTENSIONAHA.113.02094, 2013

(3) « Nouvelles orientations de l'OMS sur le sel et le potassium dans l'alimentation », OMS, janvier 2013.

Textes : Christophe Duhamel
Illustrations : Bénédicte Moret alias Bloutouf
Préface : Dr Laurent Chevallier
Photographie de couverture : Béatrice Cruveiller

© Éditions Play Bac, avril 2018
Éditions Play Bac
14 bis, rue des Minimes
75003 Paris
www.playbac.fr

ISBN : 9782809661675
Dépôt légal : avril 2018

Imprimé en Bosnie-Herzégovine par GPS

Ils ont contribué à la réalisation de cet ouvrage (et pas qu'un peu) :
Jean-Louis The Great Broust, Christine Professional Cameau,
Antoine Wonderful Deglane, Elsa Genius Duval, Capucine Smart Eye Jahan,
Damien I Love Sugar Hervé, Karine The Boss Marigliano,
Marjorie Amazing Seger.

Maquette : Delphine Guéchot

Toute représentation ou reproduction intégrale ou partielle faite
sans le consentement de l'auteur ou de ses ayants droit ou ayants cause
est illicite (article L.122-4 du Code de la propriété intellectuelle).
Cette représentation ou reproduction, par quelque procédé que ce soit,
constituerait une contrefaçon sanctionnée par les articles L.335-2
et suivants du Code de la propriété intellectuelle.